始仏典を
む

中村 元

岩波書店

目次

第一講　パーリ語原始仏典について

1 パーリ語仏典——総説

これから始めます連続講義では、皆さまが原始仏典を読まれるためのいとぐち、いとぐちとなるようなことを申し上げる予定ですが、まず、原始仏典について、おおまかにご説明しましょう。

仏教の経典はむずかしいものだと一般に言われています。お坊さんがお経をあげているのを横で聞いていても、さっぱり解らない。経典の国訳(漢文の書き下し)を読んでも、どうも意味が解りにくい。仏教の教理はいかにも把捉しがたいものだ、と世間の人々は一般に考えています。しかし、そんなにわけの解らぬものであるならば、それがどうして十数億のアジア人の心のよりどころとなり得たでしょうか。

仏教の経典は決してむずかしいものではありません。日本で仏教がむずかしいと思われているのは、日本のことばに直さないで、いまから千数百年前の、隣国のシナ民族のことばで書かれたものを、そのまま後生大事にたもっているからです。教育を受けた現在の中国人でも、もうこの仏典は読めなくなってしまいました。まして現在の日本人が解らないのは当り前のことです。儀式の際に古い経典の訳をたもつのは結構ですが、内容を理解するには、どうしても現在のわれわれのことばに直さなければなりません。

そこで当然口語訳が必要とされるわけですが、この当然なことがなかなか行なわれなかった一つの理由は、多くの仏教学者が、口語訳とは経典の内容を卑俗化することだと考えていたからです。しかし歴史的事実をふり返って考えてみると、口語訳するほうが学問的であり、あの難解な古い訳語を墨守するほうが非学問的なのであります。

仏教は長い歴史をもっていますが、そのうちでも比較的古い時代の仏教をかりに「原始仏教」と名づけ、その時代の思想や生活を伝える典籍を「原始仏典」と呼ぶことにしましょう。具体的には、仏教がガンジス河流域に興ってから、アンョーカ王のマウリヤ王朝時代(前三一七―前一八〇年頃)に至る時期の思想や生活を伝えていると言えましょう。

パーリ語で書かれた原始仏典を「三蔵」と申します。それは三つの部分から構成されています。

一、律蔵――戒律に関する規定や説明を述べたもの。

二、経蔵――ゴータマ・ブッダまたは仏弟子の説いた教説の集成。

三、論蔵――教説に関する教義学的論述。

右のうちの経蔵は次の五つから構成されています。

(1)『ディーガ・ニカーヤ』――長篇の経典の集成。
(2)『マッジマ・ニカーヤ』――中くらいの長さの経典の集成。
(3)『サンユッタ・ニカーヤ』――それぞれ項目によってまとめられた諸経典の集成。
(4)『アングッタラ・ニカーヤ』――数でくくられる諸項目を述べている諸経典の集成。
(5)『クッダカ・ニカーヤ』――短い小部の諸経典の集成。

ところで、岩波文庫で刊行された『スッタニパータ』(『ブッダのことば』)、『ダンマパダ』(『ブッダの真理のことば』)、『テーラガーター』(『仏弟子の告白』)、『テーリーガーター』(『尼僧の告白』)は、右の最後の『クッダカ・ニカーヤ』におさめられているものです。

原始仏典は、部分的にはサンスクリット語でもチベット語でも伝えられ、また漢訳でもかなりの分量のものが残っていますが、いちばん整った形で伝えられているのは、パーリ語で伝えられた原始仏典です。

これからの講義の中で、原語を挙げることがありますが、《S》とあるのはサンスクリット語(Sanskrit)、《P》とあるのはパーリ語(Pāli)のことです。特に断わっていない場合はパーリ語であると御了解下さい。サンスクリット語というのは、インドの雅語で、バラモンたちが多く用いていました。これに対してパーリ語というのは、南方仏教の聖典用語でありまして、中期インド・アーリヤ語のうちのプラークリット(俗語)の一種です。それぞれ母国語を異にするセイロン、ビルマ、タイ、カンボジアなどの仏教徒が共通語として用いている聖典の言語ですから、パーリ語(聖典語)と呼ばれるようになりました。

2　最古の経典――『スッタニパータ』

歴史的人物としてのゴータマ・ブッダ(釈尊《しゃくそん》)の遺言《ゆいごん》のようなものをまとめた一つの書はないか、と尋ねられたことがありますが、そのようなものは存在しません。厖大《ぼうだい》な大蔵経《だいぞうきょう》に含まれる万巻の書が、みな「仏説」であり釈尊の直説であるということを標榜《ひょうぼう》しています。しかしその中で最も古いもの、つまり歴史的人物としてのゴータマ・ブッダの教えに最も近いものを示せ、ということならば、『スッタニパータ』がそのうちの一つであるということは、原典批判研究を行なっている諸学者の間では異論がないのです。つまり古い経典は、ほかにもいろいろあるのですが、これはその一つなのです。

ところで、『スッタニパータ』(*Suttanipāta*)とは「経の集成」という意味でありまして、きわめて古い時代に経典とみなされていたものを一つに集成してでき上った書なのです。これを、私は岩波文庫に『ブッダのことば』という名で訳出しました。必ずしも、そのことばが、すべて歴史的人物としてのゴータマ・ブッダに由来するというわけではありません。

この書の主要部分は、もともと詩より成り、読まれるものではなくて、吟詠されたものでした。インドの詩としては簡潔なものであって、アショーカ王(西紀前三世紀後半)のインド統一より以前につくられたことは、まず間違いありません。それはパーリ語という、当時のインドの一種の俗語で書かれていて、同じく俗語の一種であるマガダ語の影響が認められます。散文の部分は恐らくアショーカ王時代よりも以後につくられ、標準的なパーリ語で書かれていますが、ともかくどの部分も当時の話しことばに近いかたちで書かれています。だからその内容は、現在の日本では口語に直したほうが、むしろ適当であり、学問的なのです。

この書の中では、発展する以前の簡単素朴な、最初期の仏教が示されています。修行者たちも樹下石上に坐し、洞窟に瞑想《めいそう》する簡素な生活を楽しんでいたので、大規模な僧院(精舎《しょうじゃ》)の生活はまだ始まっていませんでした。

修行者は世を厭《いと》うて、人のいない坐所や樹下や墓地を愛し、山間の洞窟の中におり、または種々の坐所のうちにいるのであるが、そこにはどんなに恐ろしいことがあるのだろう。――修行者は音のしないところに坐臥《ざが》していても、それらを恐れて震《ふる》えてはならないのだが。

未到《みとう》の地におもむく人にとっては、この世にどれだけの危難があることだろう。――修行者は辺鄙《へんぴ》なところに坐臥していても、それらの危難にうち克《か》たなければならないのだが。(文庫本『ブッダのことば』九五八―六〇)

ゴータマはこの書のなかで「真のバラモン」または「真の道の人」たるべきことを教えています。この書について見る限り、かれは新たな宗教を開創したという意識がありません。かれはどこまでも諸々の宗教に通ずる「真の道」を明らかにしたつもりだったのです。

そこに説かれている教えは主として出家修行者のためのものですが、また現在のわれわれにとっても、いろいろと教えられることの多いものです。

無相のおもいを修せよ。心にひそむ傲慢《ごうまん》をすてよ。そうすれば汝は傲慢をほろぼして、心静まったものとして日を送るであろう。(三四二)

心がけとしては、柔軟な心をもたなければなりません。

能力あり、直く、正しく、ことばやさしく、柔和で、思い上ることのない者であらねばならぬ。(一四三)

死ぬよりも前に、妄執《もうしゅう》を離れ、過去にこだわることなく、現在においてもくよくよと思いめぐらすことがないならば、かれは(未来に関しても)特に思いわずらうことがない。(八四九)

河底の浅い小川の水は音を立てて流れるが、大河の水は音を立てないで静かに流れる。(七二〇)

欠けている足りないものは音を立てるが、満ち足りたものは全く静かである。愚《ぐ》

者《しゃ》は半《なか》ば水を盛った水瓶《がめ》のようであり、賢者は水の満ちた湖のようである。（七二一）

また特に世俗の人々に対しても積極的な教えが述べられています。

おびただしい富あり、黄金《おうごん》あり、食物ある人が、ひとりおいしいものを食べるならば、これは破滅への門である。（一〇二）

女に溺《おぼ》れ、酒にひたり、賭博《とばく》に耽《ふけ》り、得るにしたがって得たものをその度ごとに失う人がいる、――これは破滅への門である。（一〇六）

青春を過ぎた男が、ティンバル果《か》のように盛り上った乳房のある若い女を誘《ひ》き入れて、かの女についての嫉妬《しっと》から夜も眠られない、――これは破滅への門である。（一一〇）

世の中にはこのような破滅のあることを考察して、賢者・すぐれた人は真理を見て、幸せな世界を体得する。（一一五）

また人生の幸福を論じては、精神的な面では、

尊敬と謙遜《けんそん》と満足と感謝と(適当な)時に教えを聞くこと、——これがこよなき幸せである。(二六五)

などと言い、具体的な面では、

深い学識あり、技術を身につけ、身をつつしむことをよく学び、ことばがみごとであること、——これがこよなき幸せである。

父母につかえること、妻子を愛し護《まも》ること、仕事に秩序あり混乱せぬこと、——これがこよなき幸せである。(二六一―六二)

などと申します。

あたかも、母が己《おの》が独《ひと》り子を命を賭けても護《まも》るように、そのように一切の生きとし生けるものどもに対しても、無量の(慈しみの)こころを起すべし。(一四九)

一切の生きとし生けるものは、幸福であれ、安穏《あんのん》であれ、安楽であれ。(一四五)

というのが、ゴータマの願いでありました。

3　人生の指針——『ダンマパダ』

人はいかに生きるべきであるか、人生の指針を与えた書として『ダンマパダ』(文庫本『ブッダの真理のことば』)は独自の意義をもっています。

『ダンマパダ』(*Dhammapada*)は、パーリ語で書かれた仏典のうちでは、恐らく最も有名なものでしょう。現在パーリ文の大蔵経のうちにおさめられ、南方アジア諸国に伝わっています。「ダンマ」とは「法」と訳され、人間の真理という意味、「パダ」は「ことば」という意味です。現代語ではしばしば「真理のことば」と訳されます。短い詩集で四百二十三の詩句より成り、全体は二十六章に分れています。

この書は漢訳の『法句経』に相当します。『ダンマパダ』という原題名には、「経」という意味の字はないのですが、経典として扱われていたために、シナで特に「経」という字を添えて『法句経』という名にしたのです(この点は『出曜経』などにも該当します)。

『ダンマパダ』は人間そのものに対する、はっと思わせるような鋭い反省を述べ、生活の指針となるような教えが述べられています。そのために世界諸国を通じて人々の愛誦するところとなりました。

もともと南アジアの諸国で尊ばれて愛誦され、近代では西洋諸国でも翻訳によってよく知られるようになりましたが、最も数多く西洋の言語に翻訳された仏典でありま す。わが国では大正年間に翻訳がいくつか著わされ、昭和になってから盛んに読まれるようになりました。立派な邦訳も多数あるので、さらに別の訳を出す必要もなかろうかとも思ったのですが、文庫本『ブッダの真理のことば』として邦訳を刊行するについては、特に次の点を注意しました。

一、『ダンマパダ』の原文は、きわめて簡単明瞭であって、その簡潔な風格を日本語に表現したい。

二、南アジア諸国の人々は、この『ダンマパダ』の文章を唱えますが、それを聞いた人々は、パーリ語の素養があれば、聞いただけで解るのです。だから、邦訳も、耳で聞いただけでも解るような文章に訳出したつもりです。

わたくしが先年『スッタニパータ』(文庫本『ブッダのことば』)を邦訳したときに、その訳文は聖典としての荘重さがない、という批評がありました。しかし「聖典としての荘重さ」なるものは、漢訳を用いたシナ・日本において教団としての権威が確立したのちに必要となったものであり、インドや南アジア諸国ではそれを目ざしてはいませんでした。ただ人間の真理を端的に述べただけです。だから、わたくしはこの書の原意を表現することにつとめたつもりです。

三、近年ではパーリ語以前の諸言語についての研究が進歩し、パーリ語におけるその痕跡が指摘されるとともに、今まで難解とされていた語句の意義がかなり解明されるようになりました。その成果は、特にドイツの学界においていちじるしく、それを参照して訳出することにつとめました。ただ西洋の多くの学者は諸漢訳を参照していないので、この点で是正することにしました。

四、『ダンマパダ』の詩を吟詠していたのは、もとはインド人です。インド文化史の流れやインド人の生活を考慮することによって、諸々の詩句のなかの事項をかなり理解することができるので、この点に特に留意してみました。

この書は今までに邦訳も多数出ていますので、その美言名句はよく引用されることがあります。そこで、今までに人々の推称するものをここに集めてみました。それは、諸家が自分の感銘を受けたことばとして記しているもの、人々に実践を勧めるべく引用しているもの、年賀状やカレンダーに引用しているものなど、さまざまですが、それらをここにまとめることにしましょう。

同じ事柄でも、受け取る人の心のもち方の如何によって、苦しみともなれば楽しみともなります。心のもち方の大切なことを説きます。

ものごとは心にもとづき、心を主とし、心によってつくり出される。もしも汚れた心で話したり行なったりするならば、苦しみはその人につき従う。――車をひく(牛)の足跡に車輪がついて行くように。

ものごとは心にもとづき、心を主とし、心によってつくり出される。もしも清らかな心で話したり行なったりするならば、福楽はその人につき従う。――影がそのからだから離れないように。(文庫本『ブッダの真理のことば』一―二)

「かれは、われを罵った。かれは、われを害した。かれは、われにうち勝った。かれは、われから強奪した」という思いをいだく人には、怨《うら》みはついに息《や》むことがない。

「かれは、われを罵った。かれは、われを害した。かれは、われにうち勝った。かれは、われから強奪した」という思いをいだかない人には、ついに怨みが息《や》む。

（三―四）

サンフランシスコ講和条約締結のとき（一九五一年）に、セイロン（現在スリランカ）の代表は次の詩を引用して、日本に対する一切の賠償請求権を放棄しました。

実にこの世においては、怨みに報いるに怨みを以てしたならば、ついに怨みの息《や》むことがない。怨みをすててこそ息む。これは永遠の真理である。（五）

どうせわれわれは皆、死んでゆくものです。人間同士のつまらぬ争いは、やめるようにと申します。

「われらは、この世において死ぬはずのものである」と覚悟をしよう。――このことわりを他の人々は知っていない。しかし、人々がこのことわりを知れば、争いはしずまる。（六）

そうして、人生においては、精励と忍耐の大切なことを教えます。

つとめ励むのは不死の境地である。怠りなまけるのは死の境涯である。つとめ励む人々は死ぬことが無い。怠りなまける人々は、死者のごとくである。(二一)

(道に)思いをこらし、堪え忍ぶことつよく、つねに健《たけ》く奮励する、思慮ある人々は、安らぎに達する。これは無上の幸《しあわ》せである。(二三)

思慮ある人は、奮《ふる》い立ち、努めはげみ、自制・克己《こっき》によって、激流もおし流すことのできない島をつくれ。(二五)

次に、心はしじゅうざわざわしているものですから、それをおさめととのえることが、安らぎをもたらすと申します。

心は、捉《とら》え難く、軽々《かろがろ》とざわめき、欲するがままにおもむく。その心をおさめることは善いことである。心をおさめたならば、安楽をもたらす。

心は、極《きわ》めて見難く、極めて微妙であり、欲するがままにおもむく。英知ある人は心を守れかし。心を守ったならば、安楽をもたらす。(三五—六)

そして、不断の修養につとめることこそ、〈不死の道〉である、と教えます。

学びにつとめる人こそ、この大地を征服し、閻魔《えんま》の世界と神々とともなるこの世界とを征服するであろう。わざに巧みな人が花を摘《つ》むように、学びにつとめる人々こそ善く説かれた真理のことばを摘み集めるであろう。

この身は泡沫《うたかた》のごとくであると知り、かげろうのようなはかない本性のものであると、さとったならば、悪魔の花の矢を断ち切って、死王に見られないところへ行くであろう。（四五―六）

次に、善行の徳を、花輪にたとえて、称揚いたします。

うず高い花を集めて多くの華鬘《はなかざり》をつくるように、人として生れまた死ぬべきであるならば、多くの善いことをなせ。（五三）

タガラ、栴檀《せんだん》の香りは微《かす》かであって、大したことはない。しかし徳行ある人々の香りは最上であって、天の神々にもとどく。（五六）

愚かな人、凡夫、の人生について申します。

眠れない人には夜は長く、疲れた人には一里の道は遠い。正しい真理を知らない愚かな者どもには、生死の道のりは長い。(六〇)

愚かな者は生涯賢者につかえても、真理を知ることが無い。匙《さじ》が汁の味を知ることができないように。(六四)

悪事をしても、その業《ごう》(カルマ)は、しぼり立ての牛乳のように、すぐに固まることはない(徐々に固まって熟する)。その業は、灰に覆われた火のように、(徐々に)燃えて悩ましながら、愚者につきまとう。(七一)

これに対して、真理にしたがう人の境地は次のようである、と詠じます。

真理を喜ぶ人は、心きよらかに澄んで、安らかに臥《ふ》す。聖者の説きたもうた真理を、賢者はつねに楽しむ。

水道をつくる人は水をみちびき、矢をつくる人は矢を矯《た》め、大工は木材を矯《た》め、賢者は自己をととのえる。

一つの岩の塊《かたま》りが風に揺《ゆる》がないように、賢者は非難と賞讃とに動じない。
深い湖が、澄んで、清らかであるように、賢者は真理を聞いて、こころ清らかである。（七九―八二）
人々は多いが、彼岸《かなたのきし》に達する人々は少い。他の（多くの）人々はこなたの岸の上でさまよっている。
真理が正しく説かれたときに、真理にしたがう人々は、渡りがたい死の領域を超えて、彼岸に至るであろう。（八五―六）

修行を完成した理想的な修行者は、「真人」(arahant)と呼ばれる人となります。その人については、次のように詠じています。

すでに（人生の）旅路を終え、憂いをはなれ、あらゆることがらにくつろいで、あらゆる束縛の絆《きずな》をのがれた人には、悩みは存在しない。
こころをとどめている人々は努めはげむ。かれらは住居を楽しまない。白鳥が池を立ち去るように、かれらはあの家、この家を捨てる。（九〇―一）
御者が馬をよく馴《な》らしたように、おのが感官を静め、高ぶりをすて、汚れのなくなった人——このような境地にある人を神々でさえも羨《うらや》む。

大地のように逆らうことなく、門のしまりのように慎しみ深く、(深い)湖は汚れた泥がないように——そのような境地にある人には、もはや生死の世は絶たれている。

正しい知慧によって解脱《げだつ》して、やすらいに帰した人——そのような人の心は静かである。ことばも静かである。行ないも静かである。

何ものかを信ずることなく、作られざるもの(＝ニルヴァーナ)を知り、生死の絆を断ち、(善悪をなすに)よしなく、欲求を捨て去った人、——かれこそ実に最上の人である。(九四—七)

近代人は、昔の人々に比べて知識は非常に豊かになっています。そこで、どうかすると知識をひけらかす傾きがあります。そういう傾向に対して耳が痛くなるような詩句もあります。

無益な語句を千たびかたるよりも、聞いて心の静まる有益な語句を一つ聞くほうがすぐれている。(一〇〇)

要は、一日一日、充実した生活を送ることが大切だということになりましょう。

素行《そこう》が悪く、心が乱れていて百年生きるよりは、徳行あり思い静かな人が一日生きるほうがすぐれている。（一一〇）

不死《しなない》の境地を見ないで百年生きるよりも、不死の境地を見て一日生きることのほうがすぐれている。（一一四）

また日常の行為においては、善をなし、悪を避けるということを強調します。

人がもしも悪いことをしたならば、それを繰り返すな。悪事を心がけるな。悪がつみ重なるのは苦しみである。（一一七）

まだ善の報いが熟しないあいだは、善人でもわざわいに遇《あ》うことがある。しかし善の果報が熟したときには、善人は幸福《さいわい》に遇う。（一二〇）

大空の中にいても、大海の中にいても、山の中の奥深いところに入っても、およそ世界のどこにいても、悪業から脱れることのできる場所は無い。（一二七）

特に避けるべきことは、暴力をもって人に害を加えることです。暴力を加えてはならぬということは、繰り返し教えられています。

すべての者は暴力におびえる。すべての(生きもの)にとって生命は愛《いと》しい。己《おの》が身にひきくらべて、殺してはならぬ。殺さしめてはならぬ。(一三〇)

こわれた鐘のように、声をあららげることがないならば、汝は安らぎに達している。汝はもはや怒り罵《ののし》ることがないからである。(一三四)

人間は自分を見つめることを嫌います。自分を見つめると、恐ろしいからです。しかし人間の真相から目を放してはなりません。特に、人間は老いるものである、という悲しい運命をもっていることを、強調いたします。〈老いること〉を主題として、

この容色は衰えはてた。病いの巣であり、脆《もろ》くも滅びる。腐敗のかたまりで、やぶれてしまう。生命は死に帰着する。

秋に投げすてられた瓢箪《ひょうたん》のような、鳩の色のようなこの白い骨を見ては、なんの

快《こころよ》さがあろうか?

骨で城がつくられ、それに肉と血とが塗ってあり、老いと死と高ぶりとごまかしとがおさめられている。

いとも麗《うる》わしき国王の車も朽《く》ちてしまう。身体もまた老いに近づく。しかし善い立派な人々の徳は老いることがない。善い立派な人々は互いにことわりを説き聞かせる。

学ぶことの少ない人は、牛のように老いる。かれの肉は増《ふ》えるが、かれの知慧は増えない。(一四八—五二)

われわれの生活を反省してみますと、とかくぐらぐらしていますが、〈自己の確立〉ということが必要ではないでしょうか。〈自己〉という章では、次のように説いています。


もしもひとが自己を愛《いと》しいものと知るならば、自己をよく守れ。賢い人は、夜の三つの区分のうちの一つだけでも、つつしんで目ざめておれ。

先ず自分を正しくととのえ、次いで他人を教えよ。そうすれば賢明な人は、煩《わずら》わされて悩むことが無いであろう。

他人に教えるとおりに、自分でも行なえ――。自分をよくととのえた人こそ、他人をととのえるであろう。自己は実に制し難い。

自己こそ自分の主《あるじ》である。他人がどうして(自分の)主であろうか? 自己をよくととのえたならば、得難き主を得る。(一五七―六〇)

みずから悪をなすならば、みずから汚れ、みずから悪をなさないならば、みずから浄《きよ》まる。浄いのも浄くないのも、各自のことがらである。人は他人を浄めることができない。(一六五)

古来、仏教倫理は次の一つの詩句にまとめられると言われています。

すべて悪しきことをなさず、善いことを行ない、自己の心を浄めること、――これが諸々の仏の教えである。(一八三)

人間というものは、欲の深いものです。次の詩は、その点を的確に突いています。

たとえ貨幣の雨を降らすとも、欲望の満足されることはない。「快楽の味は短くて苦痛である」と知るのが賢者である。(一八六)

そういう世の中で、楽しく生きてゆく道のあることを教えます。

貪《むさぼ》っている人々のあいだにあって、患《わずら》い無く、大いに楽しく生きよう。貪っている人々のあいだにあって、貪らないで暮そう。

われらは一物をも所有していない。大いに楽しく生きて行こう。光り輝く神々のように、喜びを食《は》む者となろう。

勝利からは怨《うら》みが起る。敗れた人は苦しんで臥《ふ》す。勝敗をすてて、やすらぎに帰した人は、安らかに臥す。(一九九―二〇一)

健康は最高の利得であり、満足は最上の宝であり、信頼は最高の知己であり、ニルヴァーナは最上の楽しみである。(二〇四)

日常生活においては、腹が立って、むらむらとすることがあります。〈怒り〉という章では、怒りに対処する態度を教えています。

怒りを捨てよ。慢心を除き去れ。いかなる束縛をも超越せよ。名称と形態とにこだわらず、無一物となった者は、苦悩に追われることがない。

走る車をおさえるようにむらむらと起る怒りをおさえる人——かれをわれは〈御者《ぎょしゃ》〉とよぶ。他の人はただ手綱《たづな》を手にしているだけである(〈御者〉とよぶにはふさわしくない)。

怒らないことによって怒りにうち勝て。善いことによって悪いことにうち勝て。わかち合うことによって物惜しみにうち勝て。真実によって虚言の人にうち勝て。

真実を語れ。怒るな。請《こ》われたならば、乏《とぼ》しいなかから与えよ。これらの三つの事によって(死後には天の)神々のもとに至り得るであろう。(二二一—二二四)

特に怒りを口に出したら、もうおしまいです。ことばについて教えています。

ことばがむらむらするのを、まもり落ち着けよ。ことばについて慎しんでおれ。語《ことば》による悪い行ないを捨てて、語《ことば》によって善行を行なえ。(二三二)

世に生きてゆくには、とかく人からの評判が気になります。しかし、それにはこだわらないように、と申します。

ただ誹《そし》られるだけの人、またただ褒《ほ》められるだけの人は、過去にもいなかったし、未来にもいないであろう、現在にもいない。（二二八）

続いて、人間の汚れと、清らかになる道について申します。

鉄から起った錆《さび》が、それから起ったのに、鉄自身を損なうように、悪をなしたならば、自分の業が罪を犯した人を悪いところ（地獄）にみちびく。（二四〇）

「一切の形成されたものは苦しみである」（一切皆苦）と明らかな知慧をもって観《み》るときに、ひとは苦しみから遠ざかり離れる。これこそ人が清らかになる道である。（二七八）

実に心が統一されたならば、豊かな知慧が生じる。心が統一されないならば、豊かな知慧がほろびる。生ずることとほろびることとのこの二種の道を知って、豊かな知慧が生ずるように自己をととのえよ。（二八二）

当時の人々は、地獄の恐れをいだいていたので、その観念を利用して、正しい道を歩くよう、説きました。

辺境にある、城壁に囲まれた都市が内も外も守られているように、そのように自己を守れ。瞬時も空《むな》しく過すな。時を空しく過した人々は地獄に堕《お》ちて、苦しみ悩む。

恥じなくてよいことを恥じ、恥ずべきことを恥じない人々は、邪《よこしま》な見解をいだいて、悪いところ(＝地獄)におもむく。

恐れなくてよいことに恐れをいだき、恐れねばならぬことに恐れをいだかない人々は、邪《よこしま》な見解をいだいて、悪いところ(＝地獄)におもむく。

避けねばならぬことを避けなくてもよいと思い、避けてはならぬ(＝必ず為さねばならぬ)ことを避けてもよいと考える人々は、邪《よこしま》な見解をいだいて、悪いところ(＝地獄)におもむく。

遠ざけるべきこと(＝罪)を遠ざけるべきであると知り、遠ざけてはならぬ(＝必ず為さねばならぬ)ことを遠ざけてはならぬと考える人々は、正しい見解をいだい

て、善いところ(＝天上)におもむく。(三一五―一九)

この心は、以前には、望むがままに、欲するがままに、快きがままに、さすらっていた。今やわたくしはその心をすっかり抑制しよう、——象使いが鉤《かぎ》をもって、発情期に狂う象を全くおさえつけるように。(三二六)

真実の修行者をたたえて、次のように申します。

身について慎しむのは善い。ことばについて慎しむのは善い。心について慎しむのは善い。あらゆることについて慎しむのは善いことである。修行者はあらゆることがらについて慎しみ、すべての苦しみから脱れる。(三六一)

真理を喜び、真理を楽しみ、真理をよく知り分けて、真理にしたがっている修行者は、正しいことわりから堕落することがない。(三六四)

修行僧らよ。ジャスミンの花が萎《しお》れた花びらを捨て落すように、貪《むさぼ》りと怒りとを捨て去れよ。(三七七)

すべての束縛を断ち切り、怖れることなく、執著《しゅうじゃく》を超越して、とらわれることの無い人、——かれをわたくしは〈バラモン〉と呼ぶ。(三九七)

敵意ある者どもの間にあって敵意なく、暴力を用いる者どもの間にあって心おだやかに、執著する者どもの間にあって執著しない人、——かれをわたくしは〈バラモン〉と呼ぶ。（四〇六）

曇りのない月のように、清く、澄み、濁りがなく、歓楽の生活の尽きた人、——かれをわたくしは〈バラモン〉と呼ぶ。（四一三）

前にも、後にも、中間にも、一物をも所有せず、無一物で、何ものをも執著して取りおさえることの無い人、——かれをわたくしは〈バラモン〉と呼ぶ。（四二一）

4　真理をたたえる——『ウダーナヴァルガ』

なお『ダンマパダ』と似たテクストとして『ウダーナヴァルガ』（《S》*Udānavarga*）があります。この書は、専門学者のあいだでは多年問題とされてきましたが、一般にはあまり知られていないようです。この書は漢訳が二つもあり、チベット訳も伝わっているのみならず、中央アジアからサンスクリット写本が多数発見されているので、昔は広く読誦された書であることが知られます。この書のうちには、『ダンマパダ』と共通の詩が多いのですが、しかし文句がかなり相違しているところもあります。近年ドイツのベルンハルト教授がサンスクリット原本を出版したので、それに基いて邦訳したのが、岩波文庫本『ブッダの感興のことば』です。

ウダーナ(《S》《P》udāna)は、現代日本の学者は「感興語」と訳すことが多いのですが、ブッダが感興を催《もよお》した結果、おのずから表明されたことばであるとされています。「無問自説」と訳す学者もあります(問われないのにブッダが自ら説いた、という意味です)。漢字にはなかなか訳しにくいので、むずかしい漢字で音写されていることが多いのです。ヴァルガ(《S》varga)とは「集り」を意味します。

『ウダーナヴァルガ』は、伝統的保守的仏教(いわゆる小乗仏教)の一派である説一切有部で編纂されたものですが、それはパーリ文『ダンマパダ』やパーリ文『ウダーナ』ならびに『相応部』のサガータ篇、『スッタニパータ』、『テーラガーター』の若干の詩句に対応する諸々の詩句を集めたものです。『ウダーナヴァルガ』はカニシカ王と同時代のダルマトラータ(《S》Dharmatrāta 法救《ほっく》)が編纂したものであるという伝説があります。その原文は、パーリ語ではなくて、サンスクリット語で書かれていますが、やはり古い仏教の思想を伝えています。

『ウダーナヴァルガ』の詩のうちには、『ダンマパダ』のなかのものとほとんど同文のものがありますが、それらのうちの美言はすでに紹介しておきましたから改めて述べる必要もないでしょう。しかしまたこの書にだけ出てきて、注目されるべき立言もあります。

この書は、全体で三十三章から構成されています。まず冒頭に、

この世で、心が暗くふさぎ込んだり眠くなるのを取り除いて、心を喜ばせ、勝利者(＝仏)の説かれたこの感興のことばをわれは説くであろう。さあ聞け。すべてを知りきわめた人・救い主・慈悲ぶかい人・最後の身体をたもつ人である仙人・尊師は次のように説かれた。——(文庫本『ブッダの感興のことば』一・一—二)

といって、第一章では無常の理を説いています。
無常を説くことばのうちには、『ダンマパダ』における以上に迫真性をもっているものがあります。
まず老いというものは嫌なものです。

なんじ、いやしき〈老い〉よ！　いまいましい奴だな。お前はひとを醜くするのだ！　麗しい姿も老いによって粉砕されてしまう。(一・二九)

さらに死はあらゆる人を襲います。

朝《あした》には多くの人々を見かけるが、夕べには或る人々のすがたが見られない。夕べには多くの人々を見かけるが、朝《あした》には或る人々のすがたが見られない。

「わたしは若い」と思っていても、死すべきはずの人間は、誰が(自分の)生命をあてにしていてよいだろうか？　若い人々でも死んで行くのだ。——男でも女でも、次から次へと——。(一・七—八)

老いた人々も、若い人々も、その中間の人々も、順次に去って行く。——熟した果実が枝から落ちて行くように。

熟した果実がいつも落ちるおそれがあるように、生れた人はいつでも死ぬおそれがある。

陶工のつくった土器のように、人の命もすべて終《つい》には壊《やぶ》れてしまう。

糸を繰ってひろげて、いかなる織物を織りなそうとも、織る材料(糸巻き)が残り僅かになってしまうように、人の命も同様である。

死刑囚が一歩一歩と歩んで行って、刑場におもむくように、人の命も同様である。

この世の栄耀《えいよう》栄華も、思えばはかないものです。（一・一〇―四）

男も女も幾百万人と数多くいるが、財産を貯えたあげくには、死の力に屈服する。いくら財産を貯えても、最後には尽きてなくなってしまう。高い地位身分も終《つい》には落ちてしまう。結びついたものは終には離れてしまう。生命は終《つい》には死に至る。（一・二一―二）

だからわれわれは、一日一日を、いな一瞬間一瞬間を大切にしなければなりません。

山から発する川（の水）が流れ去って還《かえ》らないように、人間の寿命も過ぎ去って、還らない。（一・一五）

歩んでいても、とどまっていても、ひとの命は昼夜に過ぎ去り、とどまりはしない。（一・三二）

しかるに人々はこの道理を忘れて、享楽に身を委《ゆだ》ねています。

人の快楽ははびこるもので、また愛執で潤《うる》おされる。実に人々は歓楽にふけり、楽しみをもとめて、生れと老衰を受ける。（三・五）

実は人間の内にひそむものが自分を害するという構造をもっています。

譬《たと》えば自分が堅固に作った矢でも、（誤って）乱暴に弦《つる》に番《つが》えると、その人を殺してしまうように、ここで自分の内部から現われて出た蔓草《つるくさ》である愛執は、人々を殺すに至る。（三・一七）

だからわれわれは、自分自身に注意していなければなりません。

この世では自己こそ自分の主《あるじ》である。他人がどうして（自分の）主であろうか？　賢者は、自分の身をよくととのえて、（自分の）主となり得る。（一二・一一）

仏教の実践の根本は、他人に対して思いやりをもつという慈悲の精神ですが、〈他人を傷つけてはならぬ〉という原則の理由づけを次のように述べています。

どの方向に心でさがし求めてみても、自分よりもさらに愛《いと》しいものをどこにも見出さなかった。そのように、他人にとってもそれぞれの自己がいとしいのである。それ故に、自分のために他人を害してはならない。

すべての者は暴力におびえている。すべての(生きもの)にとって生命が愛しい。己《おの》が身にひきくらべて、殺してはならぬ。殺さしめてはならぬ。(五・一八—九)

仏教の実践とは、具体的には〈善い行ない〉を実行することです。

身体に過《あやま》ちを犯さないように、まもり落ち着けよ。身体について、慎《つつし》んでおれ。身体による悪い行ないを捨てて、身体によって善行を行なえ。

ことばで過ちを犯さないように、まもり落ち着けよ。ことばについて、慎しんでおれ。語《ことば》による悪い行ないを捨てて、語《ことば》によって善行を行なえ。

心で過ちを犯さないように、まもり落ち着けよ。心について、慎んでおれ。心による悪い行ないを捨てて、心によって善行を行なえ。

身体による悪い行ないを捨て、ことばによる悪い行ないを捨て、心による悪い行ないを捨て、そのほか汚れのつきまとうことを捨てて、

身体によって善いことをせよ。ことばによって大いに善いことをせよ。心によって善いことをせよ。――汚れのさまたげの無い、無量の善いことを。

身体によって善いことを為し、ことばによっても心によっても善いことをするならば、その人はこの世でも、またかの世でも幸せを得るであろう。(十・一―六)

右の道理を美しく表現していることもあります。

うず高い花を集めて多くの華《はな》かざりをつくるように、人として生まれまた死ぬべきであるなら、多くの善いことをなすべし。(一八・一〇)

反対に、悪いことをしたならば、必ず悪の報《むく》いがあります。

愚かな者は(悪い事を)しながら「この報いはわれには来ないであろう」と考える。

しかし、来世におもむいて、悪い行ないをした人々の行きつくところを知る。愚かな者は(悪い事を)しながら「この報いはわれには来ないであろう」と考える。しかし、のちに報いを受けるときに、苦痛が起る。(九・一〇—一一)

悪いことをしたときには気をゆるすな。その悪いことが、ずっと昔にしたことだとか、遠いところでしたことであっても、気をゆるすな。秘密のうちにしたことであっても、気をゆるすな。それの報いがあるのだから、気をゆるすな。

(二八・三〇)

それは他の反面からいうと、生きものを傷つけず、また人を傷つけないという心掛けになります。

生きものを傷つけることなく、つねに身体について慎《つつ》しんでいる聖者たちは、不死の境地《くに》におもむく。そこに至れば悩むことがない。

聖者は実に生きものを傷つけることなく、つねにことばについてよく慎しんでいる。かれらは不死の境地におもむき、そこに至れば悩むことがない。

聖者は実にひとを傷つけることなく、心についてつねに慎しんでいる。かれらは

不死の境地におもむき、そこに至れば悩むことがない。(七・七―九)

他人を害するというのは、身体をもってする暴力行為だけではありません。こ、と、ばで人を傷つけるということもあります。

自分を苦しめず、また他人を害しないようなことばのみを語れ。これこそ実に善く説かれたことばなのである。

好ましいことばのみを語れ。そのことばは人々に歓《よろこ》び迎えられる。つねに好ましいことばのみを語っているならば、それによって(ひとの)悪(意)を身に受けることがない。(八・一二―一三)

他人が罵《ののし》ったからとて、罵り返すというようなことをしてはなりません。

善いことばを口に出せ。悪いことばを口に出すな。善いことばを口に出したほうが良い。悪いことばを口に出すと、悩みをもたらす。

すでに(他人が)悪いことばを発したならば、(言い返すために)それをさらに口にするな。(同じような悪口を)口にするならば悩まされる。聖者はこのように悪いことばを発することはない。愚かな者どもが(悪いことばを)発するからである。
(八・八―九)

他人に暴力を加えたり、罵ったりするのは、心の中に怒りがあるからです。そこで怒りを起さぬことが肝要です。

怒りが起ったならば、それを捨て去れ。情欲が起ったならば、それを防げ。思慮ある人は無明《むみょう》を捨て去れ。真理を体得することから幸せが起る。(二〇・二)

人は怒ったときにはカーッとなりますが、あとで気がついてみて後悔します。

怒りたけった人は、善いことでも悪いことだと言い立てるが、のちに怒りがおさまったときには、火に触れたように苦しむ。(二〇・四)

したがって、

だれに対しても荒々しいことばを言うな。言われた人々はその人に言い返すであろう。怒りを含んだことばは苦痛である。報復が(その人の)身に迫る。(一二六・三)

と申します。

衝突や抗争の多い社会でどう生きていったらよいかという心構えを、この詩句集はよく教えてくれます。

他人が怒ったのを知って、それについて自《みずか》ら静かにしているならば、自分をも他人をも大きな危険から守ることになる。

他人が怒ったのを知って、それについて自ら静かにしているならば、その人は、自分と他人と両者のためになることを行なっているのである。

自分と他人と両者のためになることを行なっている人を、「弱い奴《やつ》だ」と愚人は考える。——ことわりを省察することもなく。

愚者は、荒々しいことばを語りながら、「自分が勝っているのだ」と考える。しかし誹《そし》りを忍ぶ人にこそ、常に勝利があるのだ、と言えよう。(二〇・一〇—一三)

実行が大切であるということを強調していることばには、痛烈に、われわれの胸をえぐるものがあります。

多く説くからとて、そのゆえにかれが道を実践しているのではない。この世でたとい教えを聞くことが少なくても、身をもって真理を体得する人、怠《おこた》って道からはずれることの無い人——かれこそ道を実践している人なのである。

たといためになることを数多く語るにしても、それを実行しないならば、その人は怠っているのである。牛飼いが他人の牛を数えているようなものである。かれは修行者の部類には入らない。

たといためになることを少ししか語らないにしても、理法にしたがって実践し、情欲と怒りと迷妄とを捨てたならば、その人は、修行者の部類に入る。

（四・二一—二二）

これは、わたくしのように学者ぶった顔つきをせねばならぬ人間には、なかなか痛い教えです。

無益な語句よりなる詩を百もとなえるよりも、聞いて心の静まる有益なことばを一つ聞くほうがすぐれている。

ことわりにかなわぬ語句よりなる詩を百もとなえるよりも、聞いて心の静まる、ことわりにかなったことばを一つ聞くほうがすぐれている。（二四・一―二）

生き方についての教えは、次のように要約されるでしょう。

素行《そこう》が悪く、心が乱れていて百年生きるよりは、つねに清らかで徳行のある人が一日生きるほうがすぐれている。

愚かに迷い、心の乱れている人が百年生きるよりは、つねに明らかな知慧あり思い静かな人が一日生きるほうがすぐれている。

怠りなまけて、気力もなく百年生きるよりは、しっかりとつとめ励む人が一日生きるほうがすぐれている。（二四・三―五）

ここで要請されるのは、不断の精進《しょうじん》です。

つとめ励むのは不死の境地である。怠りなまけるのは死の足跡である。つとめ励む人々は死ぬことが無い。怠りなまける人々は、つねに死んでいる。(四・一)

智慧乏しき愚かな人々は放逸《わがまま》にふける。しかし心ある人は、つとめはげむのをまもる。――隊商の統領が財宝《たから》を(大切に)まもるように。(四・一〇)

ただ精進というと、窮屈な、なにかしら圧迫を感じますが、こういうふうにして実現されるのは、実は楽しい生活です。

事がおこったときに、友だちのあるのは楽しい。善いことをしておけば、命の終るときに楽しい。互いに満足するのは楽しい。(悪いことをしなかったので)あらゆる苦しみ(の報い)の滅びることは楽しい。(三〇・三四)

一つのものに心を集中し、道理を正しく観ずる人に起るような楽しみは、五種の楽器によっては起らない。(三一・四六)

5　ブッダ最後の旅――『大パリニッバーナ経』

仏教の開祖ゴータマ・ブッダの死は、後代の仏教徒にとっては大きな意義をもった事件でした。それを述べている代表的な経典がこの『人パリニッバーナ経』(*Mahāparinibbāna-suttanta*)でありまして、それをパーリ語の原文から邦訳し、中ではかれの最後の旅を記述していますから、解りやすく『ブッダ最後の旅』という題をつけることにしました。

ゴータマ・ブッダの死は、信徒にとっては永久に忘れられぬ出来事でした。かれの死とその前後の事件は『大いなる死』(*Mahāparinibbāna*)と題される作品の中で嘆き詠《うた》われ、それがやがて経典として伝えられるようになりました。かれの亡くなる前の最後の旅路における出来事は、割合に詳しく伝えられていて、現在ではこの翻訳の原典とそのほか他の言語で少なくとも九種の典籍(類似した内容のもの)が伝わっています。

その九種の異本を対比してほぼ共通の部分をとり出せば、もとの原本に近いものがとり出せますから、それに基いて歴史的人物としてのゴータマ・ブッダの最後の旅のことが知られるのではなかろうか、と考えられますが、この試みは案外成功しないのです。そこにはむずかしい原典批判上の問題があるのですが、ともかくそれらのテクストの中から吟味して古い要素を取り出してみれば、歴史的人物としてのゴータマ・ブッダの最後の旅の実際のありさまを知ることができるでありましょう。そのためには、特に次の顧慮をもって歴史的人物としてのゴータマ・ブッダの姿、ないし行動を明らかにせねばならない、と考えます。

一、神話的な潤色《じゅんしょく》は後代になるほど強まっていきますが、このような要素はまず除去されねばなりません。

二、ゴータマ・ブッダが神的存在として描かれている文章は後代の加筆であります。これに反して神的存在らしからぬ、人間らしい姿が描かれているものは、後代の編纂者の意図に反してまでも経典の中に保存されてきたのですから、多分に歴史的人物としての真相に近いと言わねばなりません。

三、ゴータマ・ブッダ以後の歴史的事実に言及しているのは、後代の付加であります。

四、教理の定型化されたもの(法数《ほっすう》)は、後代の加筆になると思われる点が多いと考えられます。

このような手順を踏めば、ゴータマ・ブッダの最後の旅の実際のありさまを明らかにしうるでしょう。しかしそれは将来の研究に委《ゆだ》ねることにして、私はいちおう批評的に翻訳することのみにとどめておきました。

また、たとい歴史性のない記述であっても、古代インド人がこのように空想的に叙述したという事実は、他の点から見て重要な資料となります。

6　仏弟子の告白――『テーラガーター』尼僧の告白――『テーリーガーター』

仏教が興起したときに、悩みをもった人々、不運な人々、虐《しいた》げられた人々が、ゴータマ・ブッダのまわりに期せずして集って、やがてなかまが成立するようになりました。かれらは「仏弟子」と呼ばれています。かれらの一人一人がそれぞれの運命をにない、異なった感懐をいだいていました。その一人一人の告白が詩として後代に伝えられました。そうして、それらがここに詩句集として集成されているのです。個々の修行僧・尼僧の精神的な煩悶《はんもん》、救いを得たいという熱烈な希望と、その努力の挫折、ついにブッダの教えに帰依して心の安住を得た喜び、――その心理的な紆余《うよ》曲折ある過程と、ついに安らぎに達して得られた生活の転換が、ここでは生き生きと表明され、叙述されています。〈告白〉の書としては、数多くの仏典のうちでも、これほど痛烈に心をえぐり、これほど深く感銘を刻みつける書は、またとないでしょう。それが『テーラガーター』(男性の修行僧に関する詩を集めたもの)と『テーリーガーター』(尼僧に関する詩を集めたもの)とであります。

岩波文庫では、出版の便宜上、『テーラガーター』を『仏弟子の告白』、『テーリーガーター』を『尼僧の告白』という標題で別冊として刊行しました。しかし大型版ではこの両者が合して一冊となっています。

右の両書は、パーリ文の仏典全体(三蔵 Tipiṭaka と呼ばれる)のうちの経蔵のうちで、第五の「クッダカ・ニカーヤ」(小部)と名づけられている経典集成のうちの、それぞれ第八および第九の経典として、仏典全体の構成のうちにおさめられていて、南アジアの仏教諸国では、広く読まれています。

一、『テーラガーター』(*Theragāthā*)

「長老の詩」という意味です(「テーラ」は「長老」、「ガーター」は詩句の意)。今は、標題を解りやすく『仏弟子の告白』と訳しました。序としての詩句が三つ、本文は二十一章に分れ、すべてで千二百七十九詩あります。男性である修行僧の詩です(ただし、ノーマン教授のテクスト修正によると、第一二二四詩がAとBとに分れますから、それによると、千二百八十詩句より成ることになります)。

これらの詩は、男性である修行僧たちが自分で詠じたもの、あるいは詠じたとして伝えられているものも多いのですが、また他の人々がこれらの修行僧について詠じたものもあります。ともかく実際の作者は多勢いましたが、それらがある時期に一つに集成編纂されました。その編纂時期は不明ですが、これに対するダンマパーラ(Dhammapāla)の注釈が西紀五世紀のものであるといいますから、それ以前に編纂されていたことは疑いありません。そうして個々の詩の詠まれた年代は、恐らく西紀前五世紀末から前三世紀中葉ころであろうと推定されています。

二、『テーリーガーター』(*Therīgāthā*)

「長老である尼僧の詩」という意味です(「テーリー」は「長老尼」の意)。それを解りやすく『尼僧の告白』と訳しました。全体は序も含めて十六章に分れ、五百二十二の詩があります。その成立年代は、『テーラガーター』とほぼ同じですが、若干の詩句は『テーラガーター』の詩句一般より少しく遅いように思われます。

これらの高僧または尼僧のうちには、ただ一つの詩句のみ残している人々もあり、あるいは二つ、または三つの詩句を残している人もあり、さらに七十あまりの詩句を残している人々もあります。一つの詩句だけが伝えられている仏弟子の詩句を集めて第一集とし、二つのみ、あるいは三つのみ伝えられている仏弟子の詩句を集めてそれぞれ第二集、第三集とし、順次に数の多いものを後の章におさめています。これらの詩を実際に本人がつくったものであるかどうかは、確定することはできません。ただそれぞれ本人にかこつけて伝えられているのです。そこにはみずみずしい感情と告白が表明されています。本人の心のうちでの苦闘、煩悶、それが解決されたときの喜び、ついで起る清らかな心の静けさが、時代的距離をとび越えて、われわれに迫ってきます。古人が、単なる過去の人としてではなくて、今のわれわれにじかに語りかけています。人生における煩悶の起伏は、これらの詩句、ことに『尼僧の告白』の場合に、われわれの心を打つものがあります。

この両書は、どちらもパーリ語でのみ伝えられ、全体としての漢訳、チベット訳などは存在しません。そして正確な成立年代は不明です。個々の詩はブッダ時代につくられたもののあることは疑いありませんが、全体として現在の形のように成立したのは、アショーカ王時代または少しく遅れた時代ではないでしょうか。そのわけは、種々の点から見て『スッタニパータ』より新しいし、ことに教団の僧尼の堕落《だらく》を嘆いている詩があるからです。

この二つの詩句集を見ると、『テーラガーター』には二百六十四人の修行僧、『テーリーガーター』には、七十三人、正しくは九十二人の尼僧の名がそれぞれ詩句のあとに記されていますが、かれらの伝記は詳細不明です。パーリ文の注釈書には、かれらの略歴と、それらの詩を詠むに至った情況が記されています。これらの人々の伝記を検討することは大変な仕事であり、岩波文庫版のうちに全部盛り込むことは不可能でしたから、若干の有名な仏弟子についてだけ簡単に略歴や人物の特徴を示すことにして、考証はすべて省略しました。

尼僧も、かつて世俗の生活のうちにあったときには、唯の女人でした。彼女らは濁悪の世に生き、この世に生きる苦しみ、つらさをつぶさに体験していました。夫に死なれ、子を失い、人々にさげすまれ、生きていくのがやっとのことであったという人々もいました。男運が悪くて、何度結婚しても破局を迎えるという、気の毒な、不運な女性もいました。身分が低いというだけで、虐《しいた》げられて酷使されていた傭われ女もいました。道徳的に堕落した生活をしていた女たちの姿も描かれています。あまりのつらさに自ら死を決意した人々もいました。

たとい身分が高くて、富裕で、美貌で、才たけて、幸運に恵まれている女性でも、いつかは出会わねばならぬ悩みがありました。それは、いかなる美女も、年をとれば容色の衰えをいかんともすることができぬ、ということでした。

女人たちは、嘆き、泣きました。

いかんともすることのできないこの悩みを救ってくれたのは、仏の慈悲でした。かの女たちの前に、釈尊や仏弟子たちが現れたのです。かの女たちは、仏の慈悲にすがって出家しました。

こういう生活の悩み、信仰に入った喜びが、この『尼僧の告白』という詩のうちにありありと表現されているのです。

尼僧の教団の出現ということは、世界の思想史においても驚くべき事実であります。当時のヨーロッパ、北アフリカ、西アジア、東アジアを通じて、〈尼僧の教団〉なるものは存在しませんでした。仏教が初めてつくったのです。

仏教が出現してから百年あまり(一説によると二百年ほど)経《た》ってから、シリア王の大使でギリシア人であるメガステネースがインドの大王のもとに来て、その見聞記をギリシア語で残していますが、その中で、「インドには驚くべきことがある。そこには女性の哲学者たち(philosophoi)がいて、男性の哲学者たちに伍して、難解なことを堂々と論議している！」と言っています。

当時いろいろ婦人の修行者がいたが、これは、主として仏教の尼僧に言及しているのではないかと考えられます。ジャイナ教にも尼僧がいますが、その出現はかなり遅れています。そのわけは、ジャイナ教の行者は当時全裸の男たちばかりであって、のちに一つの派では白い衣をまとうことを許されてから、女人の修行者、尼僧がジャイナ教にも出現したからです。

こういう事情ですから、この『尼僧の告白』は、ひろく人類史的意義をもっているとともに、また個々の尼僧の心境告白は、今でも、われわれの胸に強く迫るものがあります。

『テーリーガーター』のなかでは、尼僧たちの修行がなまなましく語られています。例えば、ダンティカーという尼は申しました。

〈鷲の峰〉なる山において、わたしが日中の休息から立ち上ったとき、象が河岸で水流に跳び込んでは、また出て来るのを見ました。

或る男は、鉤を手にして、「足を出せ」と求めた。象は足を伸ばした。その男は象の背に乗った。

かつて調練されなかったもの（象）が調練され、人間の意のままになったのを見て、そこでわたしは心を安定させました。そのために、わたしは、林の中に行ったのです。（文庫本『尼僧の告白』四八—五〇）

パターチャーラー尼は、ふと解脱《げだつ》に達したことを次のように述べています。

わたしは、両足を洗って、その水の中に〔映った自分のすがたを〕見ました。そうして、足を洗った水が高いところから低いところへ流れて来るのを見て、そのとき、わたしは、生れのよい駿馬《しゅんめ》を御《ぎょ》するように、心を安定させました。

それから、わたしは、燈火を手にとって、（わたしの）庵室に入りました。わたしは、臥《ふ》すところを見わたして、臥床《ふしど》に近づきました。

それから、わたしは針を手に執《と》って、燈火を引き下げました。燈火が消え失せるが如くに、心の解脱が起りました。（一一四—一一六）

詩のかたちで述べられたかれらの感懐は、のちに詳しくご紹介することにしましょう。

第二講　ゴータマ・ブッダの生涯

——文庫本『ブッダのことば』を中心として

1 歴史的人物としてのゴータマ・ブッダ

前回は、パーリ語で書かれた原始仏典について、おおよそのことを申し上げましたが、次に仏教の開祖である釈尊、俗にいう「お釈迦《しゃか》さま」のことを申し上げましょう。その生涯についていちおうの理解をもっているということは、どの仏典を読まれる場合にも必要だと思います。

まず最初に、わたくしは学者として、歴史をずっとたどって勉強してまいっておるものですから、釈尊の実際の姿、それを少しでも事実に近づけてお伝えしたい、と思っています。

仏典にあらわれてまいります釈尊の姿は非常に潤色《じゅんしょく》されまして、讃嘆の気持の結果、偉大なものとして描かれています。そこで人間ばなれしている面があるのです。これは後世の仏教徒の信仰心のいたすところでありまして、それは当然のことではありますが、近代的合理主義に慣れている人々には非常に奇異な感じを与えます。仏伝の類がいろいろありますが、これを読んだ学者、ことに西洋の学者は非常にびっくりしまして、たとえばフランスのインド学者の中で元締めみたいなスナール(E. Senart)という人は、カーストの研究なんかでも有名ですが、仏伝、たとえば『ラリタ・ヴィスタラ』(《S》*Lalita-vistara*)を見まして、これは一体何が書いてあるのだろう、太陽神話が変形したものだろうと、そういうぐあいに申しました。つまり、お釈迦さまというのはインド人が頭の中でつくり出した存在にすぎないとしまして、太陽神話がここに出ているというようなことを推定したのです。

ところが、そのような推定が誤りであるということは、その後の研究によってはっきりしました。今日ではもはやかれの歴史性を疑う人はおりません。

俗にいう「お釈迦さま」とは「釈尊」(釈迦牟尼、《P》Sākyamuni, 《S》Śākyamuni)、すなわち釈迦族の聖者ということです。釈迦族の国王・浄飯王《じょうぼんのう》(《P》Suddhodana, 《S》Śuddhodana)の長子として生れました。その姓はゴータマ(《P》Gotama, 《S》Gautama)と申しました。

釈尊の生存年代に関しては異説が多いのですが、わたくしは、いちおう西紀前四六三年に生れて、前三八三年に亡くなったと考えています。もちろん確かなことは解りませんから、この推定も今後の研究によって修正される可能性があります。

2　誕　生

まず古い経典である『スッタニパータ』のうちには、ゴータマ・ブッダのことが、いくらか神話的表現をもってはいますが、単純素朴なかたちで述べられています。それらを検討してみましょう。

まずゴータマ・ブッダの誕生を神々が讃えます。神々が喜び讃嘆しているのを見て、アシタ（Asita）という仙人が、そのわけを尋ねます。

よろこび楽しんでいて清らかな衣をまとう三十人の神々の群と帝釈天《たいしゃくてん》とが、恭《うやうや》しく衣をとって極めて讃嘆しているのを、アシタ仙人は日中の休息のときに見た。

こころ喜び踊りあがっている神々を見て、ここに仙人は恭《うやうや》しくこのことを問うた、

「神々の群が極めて満悦しているのは何故ですか？

どうしたわけでかれらは衣をとってそれを振り廻しているのですか？

たとえ阿修羅《あしゅら》との戦いがあって、神々が勝ち阿修羅が敗《ま》けたときにも、そのように身の毛の振い立つほど喜ぶことはありませんでした。どんな稀《まれ》なできごとを見て

神々は喜んでいるのですか？

かれらは叫び、歌い、楽器を奏《かな》で、手を打ち、踊っています。須弥山《しゅみせん》の頂《いただき》に住まわれるあなたがたに、わたくしはおたずねします。尊き方々よ、わたくしの疑いを速《すみや》かに除いてください。」(文庫本『ブッダのことば』六七九―八二)

これに対して神々は、ゴータマ・ブッダが、釈迦《しゃか》(《S》Śākya,《P》Sākya)族のうちに、ルンビニーの園に生れたことを告げます。


(神々は答えて言った)、「無比のみごとな宝であるかのボーディサッタ(菩薩《ぼさつ》、未来の仏)は、もろびとの利益安楽のために人間世界に生れたもうたのです、――シャカ族の村に、ルンビニーの聚落《じゅらく》に。

だからわれらは嬉《うれ》しくなって、非常に喜んでいるのです。

生きとし生ける者の最上者、最高の人、牡牛《おうし》のような人、生きとし生けるもののうちの最高の人(ブッダ)は、やがて〈仙人(のあつまる所)〉という名の林で(法)輪を回転するであろう。――猛《たけ》き獅子が百獣にうち勝って吼《ほ》えるように。」

(六八二―八四)

ここでは、歴史的事実が神々のことばのうちに反映しているのです。

ゴータマの父はスッドーダナ(Suddhodana)という名でした。「スッダ」とは「きよらかな」の意、「オーダナ」は「飯」のことですから、この父王の名は漢訳仏典ではしばしば「浄飯王《じょうぼんのう》」と訳されています。その父王が次の詩のうちに言及されています。

仙人は(神々の)その声を聞いて急いで(人間世界に)降りてきた。そのときスッドーダナ王の宮殿に近づいて、そこに坐して、シャカ族の人々に次のようにいった、「王子はどこにいますか。わたくしもまた会いたい。」(六八五)

つづいて生れたばかりの幼児がほめたたえられていますが、宗教詩としては、むしろ当然のことでしょう。

そこで諸々のシャカ族の人々は、その児を、アシタという(仙人)に見せた。——熔炉《ようろ》で巧みな金工が鍛《きた》えた黄金のようにきらめき幸福に光り輝く尊い顔の児を。

火炎のように光り輝き、空行く星王(月)のように清らかで、雲を離れて照る秋の太陽のように輝く児を見て、歓喜を生じ、昂《たか》まる喜びでわくわくした。

神々は、多くの骨あり千の円輪ある傘蓋《さんがい》を空中にかざした。また黄金の柄《え》のついた払子《ほっす》で〔身体を〕上下に扇《あお》いだ。

しかし払子や傘蓋を手にとっている者どもは見えなかった。

カンハシリ（アシタ）という結髪の仙人は、こころ喜び、嬉しくなって、その児を抱きかかえた。――その児は、頭の上に白い傘をかざされて白色がかった毛布の中にいて、黄金の飾りのようであった。

相好《そうごう》と呪文《じゅもん》（ヴェーダ）に通暁《つうぎょう》しているかれは、シャカ族の牡牛（のような立派な児）を抱きとって、（特相を）検《しら》べたが、心に歓喜して声を挙げた。――「これは無上の方です、人間のうちで最上の人です。」（六八六―九〇）

アシタ仙人は、この嬰児《えいじ》がやがて世の人々のために真理を説くブッダとなることを予言し、ただ自分はその日まで生きながらえることができないことを嘆きます。

ときに仙人は自分の行く末を憶《おも》うて、ふさぎこみ、涙を流した。仙人が泣くのを見て、シャカ族の人々は言った、――

「われらの王子に障《さわ》りがあるのでしょうか？」

シャカ族の人々が憂えているのを見て、仙人は言った、――

「わたくしは、王子に不吉の相があるのを思いつづけているのではありません。またかれに障りはないでしょう。この方は凡庸《ぼんよう》ではありません。よく注意してあげてください。

この王子は最高のさとりに達するでしょう。この人は最上の清浄を見、多くの人々のためをはかり、あわれむが故に、法輪をまわすでしょう。この方の清らかな行いはひろく弘まるでしょう。

ところが、この世におけるわたくしの余命はいくばくもありません。（この方がさとりを開かれるまえに）中途でわたくしは死んでしまうでしょう。わたくしは比《たぐい》なき力ある人の教えを聞かないでしょう。だから、わたくしは、悩み、悲嘆し、苦しんでいるのです。」（六九一―九四）

そうして自分の甥《おい》のナーラカに望みを託し、将来にゴータマが覚りを開き教えを説くような時期が来たら、ゴータマについて学べ、と言いのこします。

かの清らかな修行者（アシタ仙人）はシャカ族の人々に大きな喜びを起させて、宮廷から去っていった。かれは自分の甥（ナーラカ）をあわれんで、比《たぐい》なき力ある人の教えに従うようにすすめた。――

「もしもお前が後に『目ざめた人あり、さとりを開いて、真理の道を歩む』という声を聞くならば、そのときそこへ行ってかれの教えをたずね、その師のもとで清らかな行ないを行なえ。」（六九五―九六）

甥のナーラカはそのとおりに実行したといいます。

その聖者は、人のためをはかる心あり、未来における最上の清らかな境地を予見していた。その聖者に教えられて、かねて諸々の善根を積んでいたナーラカは、勝利者（ブッダ）を待望しつつ、みずからの感官をつつしみまもって暮していた。〈すぐれた勝利者が法輪をまわしたもう〉との噂《うわさ》を聞き、アシタという〈仙人〉の教えのとおりになったときに、出かけていって、最上の人である仙人（ブッダ）に会って信仰の心を起し、いみじき聖者に最上の聖者の境地をたずねた。（六九七―九八）

恐らくナーラカがゴータマについて学んで修行したということは、事実でありましょう。ただし、それには過去に因縁があったということを言いたくて、ゴータマの誕生とアシタ仙人の予言の物語をここにもち出してきているのだと思います。

ともかくゴータマ・ブッダがルンビニーの園で誕生したということは、確かな事実です。さらにその動かない証拠は、ネパールのルンビニーの園のところでアショーカ王の石の柱が見つかったということです。

そこには、釈尊がここでご誕生になった、アショーカ王はここへ訪ねてきて信仰のまことをいたし、この村には特別の恩典を与えて税金も軽くするとかいうようなことが書かれているのです。それがアショーカ王時代の文字で書かれています。そして地下を掘って出てきたのですから、あとの人がつくったものではなくて、ほんとうにアショーカ王時代のものであることは間違いありません。アショーカ王の時代と釈尊の時代は百年ないし二百年しか隔たっておりませんから、そこに書かれたことは事実なのです。そうすると、釈尊がそこに誕生したということはもう間違いのない事実です。

さらに経典の中から人間ゴータマ・ブッダの姿を浮き彫りにするという試みが学者の間でなされてきています。歴史的人物としてのゴータマ・ブッダの姿を最もよく伝えているのは『マハーパリニッバーナ・スッタンタ』という経典です。その題名を漢文では「大般涅槃経《だいはつねはんぎょう》」と訳します(「マハー」は大きい、「パリニッバーナ」は般涅槃、「スッタンタ」というのは長い経典のことです。短い経典は「スッタ」といいます)。岩波文庫本『ブッダ最後の旅』はそれの全訳です。

この経典に、釈尊の亡くなる前に最後の旅路に出るその姿が詳しく出ているのです。そこにはかなり誇張もありますが、しかし歴史的人物としての釈尊の姿がよく出ています。学者の研究の結果、この経典に述べられていることは史実に相違ない、歴史的事実に違いないということがはっきりいたしました。だから今日ではもう釈尊の歴史性を疑う人は一人もおりません。

ところで、ゴータマ・ブッダがどういうぐあいに教えを述べたか。ことに晩年の亡くなる前のことはこの経典に基いて非常にヴィヴィッドにその姿が出てくるのです。これはあとで申しますが、それ以前のことにつきましてもゴータマ・ブッダの姿がある程度わかります。皆様方ご承知の仏伝に出てくるシーンというものは、その基くものとして大体そういう事実があったのだろうと推定されます。

3　人生に関する反省——出家修行

ゴータマ・ブッダが王宮の王子として育ったことは、諸々の仏伝から見て疑いない事実でありますが、王宮の歓楽の生活にあきたらず、出家《しゅっけ》して、修行者となりました。修行者となってから、当時インドで最も栄えたマガダ国の首都・王舎城《おうしゃじょう》に来て、ビンビサーラ王に会った次第が、『スッタニパータ』の中の「出家」という名の一節に伝えられています。

眼ある人(釈尊)はいかにして出家したのであるか、かれはどのように考えたのちに、出家を喜んだのであるか、かれの出家をわれは述べよう。

「この在家《ざいけ》の生活は狭苦しく、煩《わずら》わしくて、塵《ちり》のつもる場所である。ところが出家は、ひろびろとした野外であり、(煩いがない)」と見て、出家されたのである。

出家されたのちには、身による悪行をはなれた。ことばによる悪行をもすてて、生活をすっかり清められた。

目ざめた人(ブッダ)はマガダ国の(首都)・山に囲まれた王舎城に行った。すぐれた相好《そうごう》にみちた(目ざめた)人は、托鉢《たくはつ》のためにそこへ赴《おもむ》いたのである。

(四〇五―〇八)


「王舎城」とはマガダ国の首都の名ですが、大昔の噴火口の中に位置していたので、連山に囲まれ、連山の頂《いただ》きには城壁が築かれていました。現在この首都のあとは、無人の廃墟《はいきょ》となり、灌木《かんぼく》の藪《やぶ》が茂っています。まれに虎が出没したこともあったといいます。城壁の残骸は、現在なお残存しています。


(マガダ王)ビンビサーラは高殿《たかどの》の上に進み出て、かれを見た。すぐれた相好にみちた(目ざめた)人を見て、(侍臣《じしん》に)このことを語った。

「汝《なんじ》ら、この人をみよ。美しく、大きく、清らかで、行ないも具《そな》わり、眼の前を見るだけである。

かれは眼を下に向けて気をつけている。この人は賤《いや》しい家の出身ではないようだ。王の使者どもよ、走り追え。この修行者はどこへ行くのだろう。」(四〇九―一一)

ゴータマ・ブッダが「眼を下に向けて気をつけている」というのは、当時の出家遍歴行者の作法にしたがっているのです。かれらは、路上の虫けらをさえも踏み殺さないように道路の上を注視しながら、気をつけて歩かなければならないのです。

派遣された王の使者どもは、かれのあとを追って行った。――「この修行者はどこへ行くのだろう。かれはどこに住んでいるのだろう」と。

かれは、諸々の感官を制し、よくまもり、正しく自覚し、気をつけながら、家ごとに食を乞うて、その鉢を速かにみたした。(四一二―一三)

托鉢に来る修行者の徳風に打たれると、信徒は喜んで食物をささげます。だから「その鉢を速かにみたした」というのは、この修行者が一般世人の帰依《きえ》を受けていたことを示すのです。

聖者は托鉢を終えて、その都市の外に出て、パンダヴァ山に赴いた。――かれはそこに住んでいるのであろう。(四一四)

王舎城のまわりの連山には、五つの高い峰がありますが、パンダヴァ(Paṇḍava)山というのは、その一つです。

〔ゴータマ(ブッダ)がみずからの〕住所に近づいたのを見て、そこで諸々の使者はかれに近づいた。そうして一人の使者は(王城に)もどって、王に報告した、――「大王さま。この修行者はパンダヴァ山の前方の山窟《さんくつ》の中に、虎か牡牛《おうし》のように、また獅子のように坐しています」と。(四一五―一六)

現在は王舎城の遺跡のあたりには虎や獅子は棲息《せいそく》していませんが、昔は実際に出没していたのでしょう。だからこの譬喩《ひゆ》は実感があったのです。

使者のことばを聞き終るや、そのクシャトリヤ(ビンビサーラ王)は壮麗な車に乗って、急いでパンダヴァ山に赴いた。

かのクシャトリヤ(王)は、車に乗って行けるところまで車を駆《か》り、車から下りて、徒歩で赴いて、かれに近づいて坐した。(四一七―一八)

「車で行けるところまで車で行き、あとは徒歩で登っていった」というのは、今日でも王舎城の周囲の山々についてそのままあてはまることなのです。今日でも麓《ふもと》までは自動車で行くことができますが、ある地点からは徒歩で登らなければなりません。

王は坐して、それから挨拶《あいさつ》のことばを喜び交《かわ》した。挨拶のことばを交したあとで、このことを語った。——

「あなたは若くて青春に富み、人生の初めにある若者です。容姿も端麗で、生れ貴いクシャトリヤ(王族)のようだ。

象の群を先頭とする精鋭な軍隊を整えて、わたしはあなたに財を与えよう。それを享受なさい。わたしはあなたの生れを問う。これを告げなさい。」(四一九―二一)

このビンビサーラ王の申し出は注目すべきことなのです。この王の統治するマガダ国は、北方にあるヴェーサーリー(サンスクリット語ではヴァイシャーリー)国(ヴァッジ族)やコーサラ国と争って、戦争をひき起したことがあります。シャーキヤ(釈迦)族はさらにそれの北方に位置しているので、ビンビサーラ王がシャーキヤ族の王子(=釈尊)に対して軍事協力と経済援助とを申し出て、南北両方面から諸国を挟《はさ》み打ちにしようとしたのです。象軍は、当時最も有力な武器でした。この詩の文句の裏には、そ

ガンダーラ
カシュミール
ヒマラヤ山脈
パンジャブ
ネパール
デリー
マトゥラー
シュラーヴァスティ
ルンビニー
クシーナガラ
ヴァッジ
ヴァイシャーリー
パータリプトラ
インダス河
コーサラ
サールナート
ベナレス
ラージャグリハ
ガンジス河
パールフット
ブッダガヤー
マガダ
サーンチー
アジャンター
スリランカ

インド仏教略地図

ういう意図が潜んでいるのです。

ところがゴータマ・ブッダはこの申し出を拒絶しました。かれは世俗の世界を出て、出家修行者となっていたからです。


（釈尊がいった）、「王さま。あちらの雪山《せっせん》（ヒマーラヤ）の側に、一つの正直な民族がいます。昔からコーサラ国の住民であり、富と勇気を具えています。

姓に関しては〈太陽の裔《すえ》〉といい、種族に関しては〈シャカ族〉（釈迦族）といいます。王さま。わたくしはその家から出家したのです。欲望をかなえるためではありません。

諸々の欲望には患《うれ》いのあることを見て、また出離《しゅつり》こそ安穏《あんのん》であると見て、つとめはげむために進みましょう。わたくしの心はこれを楽しんでいるのです。」

（四二二―二四）


いかなる説得もかれの決心を翻《ひるが》えさせることはできませんでした。ちなみに「富と勇気を具えています」という表現は面白いと思います。ルンビニーのあたりのタライ平原は、他の地域よりは湿潤であり、米作に適していました。今日は荒れているけれども、クシーナガラからルンビニーに向っては割合に水たまりが多いのです。当然土地の生産力が高かったはずです。

またネパールのグルカ(Gurkha)族は古来武勇をもって知られています。かつてイギリス政府はグルカ族を傭兵として採用しました。だから第二次世界大戦中には、グルカ族の若干の人々は日本軍と戦った者もいます。独立後のインド政府は、グルカ族だけで独立の軍団を組織しています。

またみずから「太陽の裔《すえ》」と称していたのですから、ここには太陽崇拝の痕跡が認められます。中世のインドの王家には、太陽の末裔《まつえい》と称する王家と、月の末裔と称する王家とがありました。

ゴータマ・ブッダの修行のことは、『スッタニパータ』のうちの「つとめはげむこと」という一節に詳しく述べられています。「つとめはげむこと」(padhāna)とは、主として精神的な努力精励をいうのです。ここに述べられていることは、諸伝説と対照して考えますと、成道《じょうどう》(さとりを開くこと)以前のブッダが悪魔と戦ったことをいうわけです。

ネーランジャラー河の畔《ほとり》にあって、安穏を得るために、つとめはげみ専心し、努

力して瞑想していたわたくしに、

(悪魔)ナムチはいたわりのことばを発しつつ近づいてきて、言った、「あなたは瘠《や》せていて、顔色も悪い。あなたの死が近づいた。

あなたが死なないで生きられる見込みは、千に一つの割合だ。きみよ、生きよ。生きたほうがよい。命があってこそ諸々の善行をなすこともできるのだ。

あなたがヴェーダ学生としての清らかな行ないをなし、聖火に供物《そなえもの》をささげてこそ、多くの功徳《くどく》を積むことができる。(苦行に)つとめはげんだところで、何になろうか。

つとめはげむ道は、行きがたく、行ないがたく、達しがたい。」

この詩を唱えて、悪魔は目ざめた人(ブッダ)の側に立っていた。(四二五―二九)

悪魔ナムチ(Namuci)は、ヴェーダ聖典や叙事詩『マハーバーラタ』では、ある悪魔の名です。悪魔が「ナムチ」という名で登場しているのは、この一連の詩句がヴェーダの神話に結びついていて、他の多くの仏典よりも古いことを示しているのです(ナムチ殺害物語は『マハーバーラタ』九・四二・二九―三一に述べられています)。

「諸々の善行をなすこともできるのだ」(puññāni kāhasi)というのは「諸々の功徳《くどく》を積

むこともできるのだ」と訳すこともできます。修行者にとって「善行」とは、功徳を積むことにほかならないのです。ここでは恐らく、ヴェーダの祭祀を行なって功徳を積むことをいうのでしょう。

かの悪魔がこのように語ったときに、尊師(ブッダ)は次のように告げた。――「怠け者の親族よ、悪しき者よ。汝は(世間の)善業を求めてここに来たのだが、わたくしにはその(世間の)善業を求める必要は微塵《みじん》もない。悪魔は善業の功徳を求める人々にこそ語るがよい。

わたくしには信念があり、努力があり、また智慧がある。このように専心しているわたくしに、汝はどうして生命をたもつことを尋ねるのか？(四三〇―三二)

ここで「信念」の原語はsaddhāですが、道理を信ずることです。狂熱的な信仰ではありません。

(はげみから起る)この風は、河水の流れをも涸《か》らすであろう。ひたすら専心しているわが身の血がどうして涸渇《こかつ》しないであろうか。

（身体の）血が涸れたならば、胆汁《たんじゅう》も痰《たん》も涸れるであろう。肉が落ちると、心はますます澄んでくる。わが念《おも》いと智慧と統一した心とはますます安立するに至る。わたくしはこのように安住し、最大の苦痛を受けているのであるから、わが心は諸々の欲望にひかれることがない。見よ、心身の清らかなことを。

汝の第一の軍隊は欲望であり、第二の軍隊は嫌悪《けんお》であり、第三の軍隊は飢渇《きかつ》であり、第四の軍隊は妄執《もうしゅう》といわれる。（四三三—三六）

第四の軍隊としての「妄執」(taṇhā) の原語はもともと渇を意味しますが、ここでは第三の軍隊を「飢渇」(khuppipāsā) と呼んでいますから、taṇhā と「渇」(pipāsā) とは別の概念です。taṇhā は人間存在の奥にある意識下の、衝動的《しょうどうてき》なものですが、pipāsā は生理的な概念です。

汝の第五の軍隊はものうさ、睡眠であり、第六の軍隊は恐怖といわれる。汝の第七の軍隊は疑惑であり、汝の第八の軍隊はみせかけと強情《ごうじょう》と、誤って得られた利得と名声と尊敬と名誉と、また自己をほめたたえて他人を軽蔑《けいべつ》することである。（四三七—三八）

ここにいう「みせかけ」(makkha)とは偽善に通ずるものです。また「強情」(thambha)とは頑迷《がんめい》のことです。そうして、ここでは「自分をほめたたえて他人を軽蔑すること」(attānaṃ samukkaṃse pare ca avajānāti)が悪徳として挙げられていますが、それを受けて後代の仏教では「不自讃毀他戒《ふじさんきたかい》」が成立するのです。

　ナムチよ、これらは汝の軍勢である。黒き魔(Kaṇha)の攻撃軍である。勇者でなければ、かれにうち勝つことができない。(勇者は)うち勝って楽しみを得る。
　このわたくしがムンジャ草を取り去るだろうか？(敵に降参してしまうだろうか？)この場合、命はどうでもよい。わたくしは、敗れて生きながらえるよりは、戦って死ぬほうがましだ。(四三九―四〇)

ムンジャ草を口にくわえることは、戦場で武士が絶対に降服しないということの意思表示でした。

　或る修行者たち・バラモンどもは、この(汝の軍隊)のうちに埋没してしまって、姿が見えない。そうして徳行ある人々の行く道をも知っていない。

軍勢が四方を包囲し、悪魔が象に乗ったのを見たからには、わたくしは立ち迎えてかれらと戦おう。わたくしをこの場所から退《しりぞ》けることなかれ。

神々も世間の人々も汝の軍勢を破り得ないが、わたくしは智慧の力で汝の軍勢をうち破る。――焼いてない生《なま》の土鉢を石で砕くように。

みずから思いを制し、よく念い(注意)を確立し、国から国へと遍歴しよう。――教えを聞く人々をひろく導きながら。

かれらは、無欲となったわたくしの教えを実行しつつ、怠ることなく、専心している。そこに行けば憂えることのない境地に、かれらは赴くであろう。」

(悪魔はいった)、

「われは七年間も尊師(ブッダ)に、一歩一歩ごとにつきまとうていた。しかもよく気をつけている正覚者《しょうかくしゃ》には、つけこむ隙《すき》をみつけることができなかった。

烏《からす》が脂肪の色をした岩石の周囲をめぐって『ここに柔かいものが見つかるだろうか？　味のよいものがあるだろうか？』といって飛び廻ったようなものである。

そこに美味が見つからなかったので、烏はそこから飛び去った。岩石に近づいたその烏のように、われらは厭《あ》いてゴータマ(ブッダ)を捨て去る。」

悲しみにうちしおれた悪魔の脇から、琵琶《びわ》がパタッと落ちた。ついで、かの夜叉《やしゃ》は意気銷沈《しょうちん》してそこに消え失せた。(四四一―四九)

悪魔はついに退けられました。これを昔から「降魔《ごうま》」と申します。

4　教化活動

まずゴータマ・ブッダは、中インドのブッダガヤー(Buddhagayā)というところで、菩提樹《ぼだいじゅ》の下に坐して、覚りを開きました。そのあとしばらく禅定《ぜんじょう》に入って法楽を受用していました。そのまま涅槃《ねはん》に入ろうかとも思ったけれども、梵天《ぼんてん》が出てきて、どうか世に教えを広めて下さいと、お願いしましたものですから、そこで釈尊の教化活動が始まったと言われております。

まず釈尊はベナレス(バーラーナシー)へ行きます。私たちはインドの地名というものを場所と結びつけて考えることがむずかしいので、ガンジス河流域地方だったら大体どこでも同じような風景のところにあるのだろうと思いますけれども、インドは非常に広い土地でありまして、ブッダガヤーからベナレスへ行くということはたいへんな大旅行だったのであります。現在ブッダガヤーからベナレスまでは急行列車に乗りましても、一晩かかります。その距離を歩いて行ったわけです。むろん行者ですから乗物に乗ったりなんかはしなかった。自分で歩いたわけです。わざわざベナレスまで行ったというのはどういうわけかということが問題になるのですが、これはやはりインドの宗教事情、あるいは文化的伝統というものを顧慮しなければ理解できないのではないかと思うのであります。

以前に釈尊は五人の旧友と一緒に修行していました。ところが、釈尊が苦行をやめて尼連禅河《にれんぜんが》(ネーランジャラー河)に身を清めて村人の捧げるものを受けた。そこで友人たちは、釈尊はもう堕落《だらく》したと思って、かれを捨ててしまって、そしてベナレスへ行った、そういうぐあいに伝えられております。それはおそらく事実でしたでしょう。旧友がなぜベナレスへ行ったか、また釈尊がその五人の友を追ってなぜベナレスへ行ったかと申しますと、言うまでもなくベナレスというのは昔からヒンドゥー教の霊場として知られておりました。宗教的な中心地だったわけです。だから行者が集ってくる。

今日でもインドの人々は一生のうちに一度はベナレスにお詣《まい》りします。そうしてベナレスにはお寺がたくさんありますが、そこで神々を拝んで功徳を積んでから亡くなりたい、そういう希望をもっているわけです。ベナレスでは、ガッツという岸に沿ってヒンドゥー教のお寺がずっと並んでおります。その間には大きな木などもそびえていますが、河岸が階段になっていまして、それをおりていって水浴びをするわけです。日本で申しますと、禊《みそぎ》のようなことをするわけです。それによって功徳を積む。そういう習俗が古くからあったわけです。今日でもお寺があるばかりでなくて、インドの諸地方の有力者やマハーラージャ(大王)たちはあそこに別荘をみな構えております。自分の別荘から下へおりていって水浴ができる。ちょうど外国でいいますと、お金持の行く別荘地にホテルがあって、ホテルがそれぞれ海岸を買い切って占有している、それと同じようなわけです。自分の別荘から、あるいは自分のお寺から下へおりられるようになっているわけです。

さて昔からベナレスは神聖な霊場だと思われておりました。昔の名前ではバーラーナシーといいます。ベナレスというのは西洋人のつけた名前なのです。その郊外にきれいな園がありまして、それが鹿野苑《ろくやおん》なのです。そこには昔鹿がいたと伝えられております。戦後間もなく私がそこへ参りましたときには、鹿はおりませんでした。そのあとまた四年たってから巡拝しましたら、可愛らしい鹿がいるのです。「あれはどうしたのですか、私が以前こちらへ参ったときには鹿がおりませんでした、いまこんなに鹿がたわむれているが」と言ったら、土地の人が言いますのに、「いや鹿の苑《その》という名前なんだから、鹿がいなければやっぱりぐあいが悪いと思って、観光客を喜ばせるために自分たちが鹿を連れてきたのだ」という話でありました。途中で跡絶えていたわけですが、昔は鹿がいたのです。

今日ではそこがきれいな芝生になっておりまして、インド名物の難民の乞食やなんかには悩まされないところです。近くにジャイナ教のお寺なんかも建っております。ところで鹿野苑は仙人の集るところだったのです。漢訳仏典には鹿野苑は「仙人堕処」と書いてあるのです。これは原語では「イシパタナ」(Isipatana)というのです。「イシ」とはパーリ語で仙人、「パタナ」は集るところという意味です。ところが、この「パタナ」ということばは、また落ちるという意味もあるのです。それで漢訳した人がこれを直訳しまして、「仙人の堕ちるところ」とやった。けれども厳密に申しますと「集るところ」という意味です。

デリーの飛行場にはヴィマーナ・パタナと書いてあります。ヴィマーナというのは飛ぶ船のことで、パタナは集るところ。これを「飛行機の落ちるところ」なんて訳したらたいへんなことになります。これは飛行機の集るところという意味なのです。それと同じで、イシパタナというのは仙人の集るところという意味です。そこは、芝生があってじつにすがすがしい、ぽかぽかと日の射す、そしてながめのいいところだというので、仙人が集るところと考えられました。今日でも大都市の郊外には行者が庵をつくりまして、三人とか五人とか集っております。そして昼間は外へ出てからだを曲げたりなんかして体操をやっております。じっとしているときは坐禅を組んでいるわけです。釈尊を捨てた五人の友だちはそういうところへ行ったわけです。

釈尊はまず旧友のもとへ行って、教えを説いた。四諦《したい》(四つの真理)の教えを説いたと多くの伝説では伝えられております。そこで五人が釈尊に帰依して、ここで教団ができ上ったわけです。釈尊の徳が高かったからおのずから旧友が帰依したということもありましょうが、ベナレスへ行ってまず教えを説いたというところにやはり意味があると思うのです。つまり宗教の中心地へ行って新しい教えを説いたわけです。今日の事情に翻訳して申しますと、学者が新しい学説を考えつく。自分ひとりで考えたのでは、これは社会的に意味がないわけです。学会で発表します。そうして議論もあるでしょうけれども、一般に認められると、それが広がって定説となるわけです。それと同じように、ベナレスが当時の宗教家、修行者の集るところでしたから、そこで教えを説かれて、そして皆が「ああ、おっしゃるとおりだ」と思う。そこで新しい宗教運動が広がったわけです。

釈尊が新しく教えを説いて、しかもあの地方から広がったということは歴史的に見るとやはり意味があると思うのです。釈尊が活動したところ、悟《さと》りを開いたところ、教えを述べたところはだいたいマガダ国です。それはインド中部、ガンジス河中流にあります。今日はそのあたりは必ずしも栄えているとはいえませんが、昔はインド文明の最先端にあった地方です。そこではカースト制度の桎梏《しっこく》がそれほどきびしくありませんでした。ガンジス河の上流地帯は、これはバラモンの根拠地で、サンスクリットが昔から使われていた。西北のほうのバラモンというのは仏典でも特別の意味をもっているのです。だいたいバラモン教が成立したのはデリーのあたりか、あるいはデリーよりもっと北のほうです。ここがバラモン教の根拠地でした。

ところが、ガンジス河の中流地帯へ参りますと、そこは新開地のわけですから、バラモン教の勢力というものはそれほど強くなかったのです。ことにパーリ語の仏典を見ますと、四つの階級制度のうち王族が一番上に挙《あ》げられているのです。従来のバラモン教ですと、バラモンが一番上で、それから王族、庶民、隷民、こういう順序になっています。バラモンの勢力がそれだけ衰えてきていました。

そして富める者が社会的覇者《はしゃ》として登場した。これは当時貨幣経済が進展しつつあったということを離れては理解できません。

古い時代のインドではまだ貨幣は使われていませんでした。現物で交換するわけです。交換の単位は何かというと、牛なのです。牛何頭。だから牛をもって貨幣とする。仏典では四洲のうち西のほうにあるのは「西牛貨洲《さいごけしゅう》」といいます。西のほうで牛を貨幣としている大陸という意味です。ということは、西のほうではまだ貨幣経済の段階に達していなくて、牛を単位としていたというわけです。ところが、マガダのほうでは貨幣経済が進展した。そこで長者が非常な勢力をもってくる。

仏典を見ますと、長者の話がたくさん出てまいります。ヴェーダ聖典には長者は出てきません。これはバラモン教の聖典ですが、ガンジス河上流地方の農村をもとにして成立しておりました。だから都市というものが出てこないのです。都市のことをインドでは「ナガラ」(nagara)といいます。インドへいらっしゃった方は今日の地名で何々ナガラというのをご存じだと思いますが、あれは都市という意味です。このナガラはバラモン教の書物には出てこないのです。仏教とジャイナ教の聖典になって初めて登場する。ということは、仏教やジャイナ教は、ガンジス河の中流地帯で都市の現れ出た時代、そして貨幣経済が盛んに行なわれるようになったその時代に現れ出た新しい宗教であったというわけです。そこで貨幣を多くもっている人、これが社会的覇者として登場します。

仏典の中にも次のような文句が出てきます。

たとえ奴隷(シュードラ)であろうとも、金銀、財宝、米穀に富んでいるならば、王族もバラモンも庶民《しょみん》も、彼に対して先に起き、後に寝て、進んで彼の用事をつとめ、彼の気に入ることを行ない、彼に快い言葉を語るであろう。

(パーリ原典協会本『マッジマ・ニカーヤ』第二巻八五ページ)

これは社会環境が非常に変ってきたことを示しています。マガダ国は当時の文明の最先端を行っていたわけです。古い宗教の束縛《そくばく》というものがありませんでしたから、マガダ国の人は西北インドの、今のパキスタンのあたり、「タッカシラー」(現在のタクシラ)とパーリ語では言いますが、そこの都市へ子弟を送って新しい技術を学ばせたのです。だから『ジャータカ』を見ますと、マガダ国の子弟が遠いタッカシラーの国へ留学に行くという話がよく出てきます。これは新しい技術を取り入れるためなのです。そこでマガダ国は技術的にも進歩していたのです。ことに新しい兵器を考え出していた。戦車の先に槍をつけて——戦車はインドでは古くから使われていた——特殊のものを考案した。これが戦いにおいて非常に力を発揮したと言われています。

それからマガダ国は経済力においてすぐれていました。土地の生産性が高かったわけです。戒律《かいりつ》の書物(律蔵)の説明の部分を見ますと、こういうことばがあるのです。当時の比丘《びく》(修行僧)のお袈裟《けさ》——「七条」とか「九条」とか申します——、あのすじはきちんと縦横十文字になっていなければいけない。それはちょうどマガダ国の水田がきちんと縦横十文字になっているように、と書いてあるのです。ということは、当時のマガダ国では耕地整理がよくできていたということです。

最初期の仏教が興ったときにもそうだったかどうか、それは私にはちょっとわかりません。というのは、お坊さんの法衣というものは最初は糞掃衣《ふんぞうえ》だったわけです。ぼろ切れを集めてつくっていた。ところが、教団がだんだん整いますと、きちんとした法衣を身につけるようになった。いま申し上げたそれに対応するマガダの土地の水田、耕地整理というのが釈尊の時代にあったのか、あるいはもう少しあとになって現れたのか、そこのところはまだわからないのですが、とにかくマガダ国は農耕の、ことに稲作における生産性が高かったということはわかります。

それからやはり原始仏典の中に出ているのですが、当時の比丘は托鉢《たくはつ》してまわっていたわけですが、飢饉《ききん》があったときに、「ああどうもこのあたりでは食物が得られないからマガダの国へ行こう、マガダは米が豊かであるから」というようなことを言った。ところが、それに対して釈尊が、「いや、ところの選り好みをしてはいけない」と言われたということになっているのです。これは歴史的事実かどうか、それはわかりませんけれども。このエピソードは、マガダ国はお米が豊かだったということを示すのです。

マガダ国はそういうぐあいに生産性が高くて、新しい技術を取り入れていました。だから当時のインド文明の最先端にあったわけです。やがてアショーカ王が出てきます。その前にチャンドラグプタという王さまが出てインドを統一するのですが、これらの国王はマガダ国を根拠地としていたのです。アショーカ王の碑文《ひもん》なんかごらんになりますと、詔勅文《しょうちょくぶん》では、「マガダの王であるアショーカが詔を発する」と言っている。実際問題として全インドの王であり、アフガニスタンのほう、それから今日のバングラデーシュやネパールのほうまでも版図《はんと》におさめていたのですが、「マガダの王」という資格並びにその意識において詔勅を発しているということは、マガダがインドの中心であったということです。この最先端のところで釈尊が修行した、そして教化活動をしたということはやはり意味があると思うのです。

釈尊自体はネパール人です。いつだったか、テレビの番組で、「お釈迦さまは何人ですか、はい、インド人というのが正解でございます」と言っておりましたが、あれは誕生の場所に関していうとインド人ではありません。釈尊はネパール人です。だからネパール王国は釈尊の生地は自分の国のほうだということを今日誇らかに言うわけです（ただし相当多くのインド人は、ピプラーワーという場所が釈尊の故郷であろうとの理由で、釈尊はインド人であると主張します）。私たち日本人から見ますと、ネパール人もインド人もあまり区別がつきません。ちょうど私たちが外国へ行きますと、お前さん日本人か、朝鮮人か、中国人かと言われますが、西洋人から見ると区別がつかないわけです。しかし、私たちにしてみるとはっきりした違いがある。それと同じように、南アジアの人にしてみますと、ネパール人とインド人ははっきり違うのです。ネパール人というのは大体私たちと同じような顔をしています。インド人というのはアーリア人種でしょう。もとは西洋人と同じような人種です。だからネパール人とは違うわけです。釈尊はわれわれに近いようなネパール人だったか、あるいはアーリア人種だったか、これはよくわかりません。あるいは釈尊の誕生の地のタライ盆地あたりはアーリア人種が多いし、仏典に出てくる伝説はわりあいアーリア系のものが多いですから、アーリア人種ではなかったかということは考えられるのですが、しかしどっちにしてもいいじゃないですか。釈尊は民族を超えた世界の精神的な指導者なのですから、あまり何国人というようなことはおそらく自身も拘泥《こうでい》していなかったのではないかと思うのです。

マガダでの修行

とにかくゴータマ・ブッダはネパール生れの人なのです。ネパールは渓谷の国でしょう、そこからわざわざ南のほうまで来てマガダ国で修行したということ、これはつまり当時のインドの文明の最も進んだ、そして最も自由の気運があり、真理を求める気持が人々の間で非常に熱烈であった、その土地を特に釈尊は選んだのです。だからまた仏教の発展にも非常に有意義、有力であった。マガダの国がやがて広がってインド全体を統一します。それにつれてマガダの影響が広がるのです。だからマガダで重んぜられていた新しい宗教というものは当然影響力をもったわけです。

西北インド、ガンジス河の上流地帯、これは昔はバラモン教の根拠地《こんきょち》でした。その拘束力《こうそくりょく》が強すぎて文明から遅れたわけです。マガダの国が仏教とかジャイナ教というものを栄えさせて新しい文明を展開したのに、西北インドのほうは昔ながらのバラモン教を奉じていた。だから文明の動きから取り残されていったわけです。その後、ガンジス河の上流地帯は、西紀十世紀以後にはイスラムの侵略を受けました。そして、イスラムと戦うためにシク教徒というのが現れたのです、ことにパンジャブ地方（五河地方)がそうです。パンジャブ州は現在シク教徒の根拠地です。山国でヒマラヤに近いというから荒地だろうと私は思っていました。これはとんでもない大きな間違いでした。荒地というものが全然ないのです。インドの土地は荒地が非常に多い。ちょうど西部劇に出てくるような荒野がずっと続いているわけです。ところが、パンジャブへ行ってみて驚いたことには、もうあらゆる土地が耕されていまして、ちょうど日本と同じなのです。むだにされている土地がない。そこでパンジャブは食糧が豊かで、インドの穀倉だというので、ほかの諸州へ食糧をやっているというんです。それから鉄工業など工業が栄えつつある。どうしてかというと、シク教徒というのはターバンを巻いてヒゲを生やしている連中だ、というぐあいに、異様な習俗だけを私たちは連想しますけれども、その習俗はイスラムの軍隊と戦ったためにできてしまったのです。シク教徒というのは「世俗の生活がすなわち宗教である」という考え方をとっています。世俗の職業生活の中に宗教が実現される。人々はめいめいの職業を忠実に遂行せよ、と教えます。現世超越的な傾向に反対するのです。だからシク教には独身の修行者というのはいません。そしてみんな働けというものだからよく働く。だからシク教徒の中にはインド名物の乞食が一人もいない。乞食になるくらいだったら餓死《がし》せよ、そう教えられているのです。よく働く。だからパンジャブは現在非常に開けております。そうすると、釈尊のころに遅れていた土地がいま反対に非常に開けているということになります。現在ではビハール、マガダの土地はそれほど生産性が高くありません。これはやはり歴史の推移でしょう。と同時に、文明というものは必ずしも土地と密着しているものではないし、ことに宗教に至っては信仰は始終動くものだということが言えるのではないかと思います。

さて、マガダを中心として原始仏教の運動が起きたということが、その興隆に非常に力があったと考えられます。運動が盛んになるにつれて、修行者の住居《すまい》をつくる必要が起り、それが発展すると「精舎《しょうじゃ》」と呼ばれる僧院となったわけです。ただし、最初はおそらく、修行者の人数がごく少ないときは洞窟《どうくつ》の中に住んだり、大きな樹木の下に休むというようなことをしていたろうと思います。ことに大樹の陰に。大樹と申しましても日本とは違いまして、インドのバニヤンの樹というのは猛烈に広がっておりまして、あの下で行者がけっこう暮すことができるのです。ところが、だんだん教団が大きくなりますと精舎がつくられました。その際に、つくられた場所は、村落から「遠からず近からざるところ」と書いてあります。これはなかなか意味が深いと思うのです。おそらく当時の事情として考えられたことでしょうが、あまり離れたところですと、人々から隔絶《かくぜつ》してしまうわけでしょう。托鉢《たくはつ》にも都合が悪いわけです。村のところへ行って托鉢するわけですが、それができなくなる。そうかといって、あまり村に近いと、修行の生活が乱される。だから遠からず近からざるところ、となかなか考えて定められたことだろうと思います。後代になりまして、ことに中国では禅宗の叢林《そうりん》は山の中につくられましたが、あの場合はまた事情が違って、中国では戦乱が多かった。戦乱に悩まされないようにという配慮もあったわけでしょう。そして自給自足の生活で、つまりメンバーがみな作務《さむ》(労働のつとめ)を行なうということになりましたから、遠く隔《へだ》たったところで独自のコミュニティをつくるということが可能でした。そこに禅の独自性がまた成立することになったかと思うのです。インドではお坊さんが田を耕すなどということはいたしません。全部托鉢の生活です。そういうことになりますと、どうしても村から遠からず近からざるところということになるわけです。

釈尊は一カ所にとどまるということはしませんで、始終経巡《へめぐ》って教えを説いた。そこで遊行《ゆぎょう》ということばが生れるわけです。これはバラモンの習俗を取り入れたのです。大体バラモン教のほうでは人生の段階として四つの時期を考えます。この四つの時期を四住期と申します。これは四姓のうちバラモン、王族、庶民の二つの階級に関することですけれども、最初は学生の時期です。これは師匠《ししょう》のもとに弟子入りしまして、そしてヴェーダを学ぶ。一切薪水の労をとるわけです。薪《まき》を切ってきたり、水を運んできたりです。だいたいバラモンは庵(アーシュラム)に住んでいます。そこへ住み込んで、先生から親しく教えを受けるわけです。そして学を終えたところで家へ帰る。そして結婚して家長になります。第二の時期が家長期です。そして祖先の祭を行ない、子孫を養育する。もう子供が大きくなって、自分の鬢《びん》に白髪が見えるようになったら隠退するのです。第三の時期が林住期、林に住む時期です。そうなると、もう家を子供に譲《ゆず》るのです。そして林にひきこもる。その場合には自分ひとりでひきこもることもありますが、妻と一緒に住むこともあります。さらにこれが進みますと、こんどは遍歴行者になるのです。これが第四の遍歴の時期です。遍歴のことを漢訳仏典では遊《ゆ》行《ぎょう》と申します。何もかも捨て去って遍歴を行ない、当然托鉢するわけです。そして絶対のもの、ブラフマンを心に念じながらこの世の生を終えるというわけです。この四つの時期を経過するのです。仏教はその最後の段階を取り入れたわけです。最後の遍歴行者の習俗を取り入れました。第四の段階の人をサンスクリット語で「ビクシュ」というのです。仏教はそれをそのままそっくり取ったわけです。パーリ語で「ビック」といいまして、それを音写すると比丘《びく》となるわけです。昔からの習俗を受けて、そして仏教はそれを改めた、というわけであります。

インドでは雨季というのがあります。だいたい六、七それから八月の初めくらいまでですが、この時期になりますと猛烈に雨が降るので、遊行の最中でも出歩くことはできません。雨季に歩きまわると、水の中の生き物を踏みつぶして殺すことになる。そこでそれをやめて一カ所に定住する生活がありました。それが「安居《あんご》」です。これはずっと日本仏教にも、禅宗にも取り入れられています。それ以外はまったく釈尊の生活は一処不住でありまして、縁に応じて、縁のあるのに従ってどちらへでも赴く。大体マガダ国とそれから故郷に近いサーヴァッティー市(舎衛城)、あのあたりが中心だったようです。その間を結んだ道路、それを行き来してガンジス河の流域で活動したというのが事実だと思います。後代になりますといろいろ伝説がふえまして、いや釈尊はセイロンへも行ったということになります。その伝説が『楞伽経《りょうがきょう》』となってあらわれるわけです。『楞伽経』の「楞伽」というのは「ランカー」という音を写したのですが、セイロンは昔から「ランカー」というのです。いまは「スリランカ」(めでたいランカーの意)と国の名前を変えました。仏教はだんだん広がるにつれて釈尊に関する伝説も次第に地域的なスケールが大きくなります。セイロンへも行って『楞伽経』を説いたということを大乗仏教でも言ったし、セイロンのテーラヴァーダ(上座部）の信者の人々は、ほんとうに釈尊がこちらに来たと思っているわけです。ただ、古いパーリ仏典だけで見ますと、釈尊の活動領域はだいたいガンジス河の流域が中心でありました。

釈尊の話したことば

次に、釈尊はどういうことばを使って話したのかという問題ですが、これはパーリ語の律蔵の中に問答がありまして、ある弟子が「教団は全部サンスクリット語で話すことにいたしましょう」と釈尊に申し出た。それに対して釈尊は、「めいめいのことばで話せ」といったと伝えられております。「めいめいの」というのはパーリ語で「サカ」(saka)と書いてあるのですが、これは「めいめいの」という意味にもとれますし、「自分の」という意味にもとれます。「自分の」というのは釈尊自身のという意味にもとれるのですが、しかし釈尊が自分のことばで話せといったのだったら、「ママ」(わたしの)ということばを使うだろうと思います。だから、やはり「めいめいのことばで話せ」といったのに違いありません。つまり地域あるいは出身に応じて違ったことばを使うのです。

インドというのは途方もなく大きな国です。ことばが無数にあるわけです。今日でもおもなステート(州)が十四くらいありますが、それは言語に応じてできているわけです。インドはことばが多いから、これがインドの独立、統一のためのガンになっているというようなことをよく世間の人は言うのです。けれども、インド自体いったいどれだけの広さがありますか。ヨーロッパと同じなのです。そうしてヨーロッパと同じだけの人口の人間が住んでいるわけです。ヨーロッパのあの狭いところでまだヨーロッパ共和国ができないわけでしょう。ＥＥＣができ、現在はさらに発展してＥＣとなった程度でしょう。ところが、インドはあの広い地域で、しかも文明は遅れているにもかかわらず一つになった。これはたいへんな実験だと思うのです。これはまたインド国民の熱意がそうさせているのだと思います。インドの一つ一つのことばというのは、これを使っている人はたいへん多いのです。まずインドの国語というのはヒンディー語ですが、それを約一億五千万人が話し、だいたい三億人くらいの人がわかるのです。三億人と申しますと、世界で二番目か三番目の使用人口をもつ言語です。

それからベンガル語ということばがあります。いったいベンガル語を話す人はどのくらいいるか、これをフランス語を話す人と比べてみたらどうかという問題ですが、この公案《こうあん》に対してどうお答えになりますか。ベンガル語を話す人の数は、この地球の上でフランス語を話す人をすべて集めたよりももっと多いというのです。そういうことをフランス人の学者がフランス語で書いてパリで出版していますから、間違いない。ベンガル語というのは七千万から、はっきりわかりませんが一億人近くは使っているでしょう。第一、バングラデーシュというのは全部ベンガル語なんです。「バングラ」というのはサンスクリット語の「バンガーラ」の転訛《てんか》で、「ベンガル」という名称はここに由来するのです。他方西ベンガルはバングラデーシュではなくて、インド共和国に入っているわけです。そうすると、これがまた同じくらいの人口がいるのです。ベンガルといっても日本人になじみはないのですけれども、タゴールを生んだのがあのベンガルです。タゴールの立派な詩は全部ベンガル語で書かれています。それから近代の宗教家ラーマクリシュナとかヴィベーカーナンダという人々は、ベンガル人です。それからインド独立の志士のチャンドラ・ボース、あの人もベンガル人です。ベンガル人は多分に行動的です。そして自分たちの言語はサンスクリットのことばを多く取り入れているというので、そこでプライドをもっている。ヒンディー語は何だ、政府が国語に決めたけど、あんなものは車夫馬丁《ばてい》のことばじゃないか、第一、語彙《ごい》が貧弱だというのです。たしかに貧弱です。さらに文法が簡単だから習いやすい。習いやすいから国語にするにはけっこうなのです。それは車夫馬丁の間に必要に応じてひとりでにできたことばなのです。だからみんなが使うには便利なことばです。しかしベンガル語はサンスクリットに由来する豊富な語彙をもっている。それでプライドをもっているのです。これを話す人はフランス語を話す人以上に多い。第一、フランスという国は人口が少ないでしょう。あまりふえませんし、あとフランス語を話す人はどこにいますか。カナダに少しいるくらいのものではないですか。ベンガル語というのはインドの一つの地方のことばにすぎないのに、それだけの人口をもっている。そういう言語がインドにはたくさんあるわけです。

こういう国ですから、釈尊がめいめいのことばで、といったのには意味があると思います。あまり窮屈《きゅうくつ》に一つに統一してしまわない。民衆に応じて民衆のことばで説いた。パーリ語で残っている経典が一番古いということになっていますが、その中でもガーターという詩句(偈頌《げじゅ》)の部分、この詩句の部分はまた非常に古いのです。なぜかと申しますと、釈尊のことばが詩にまとめられますと、後代の人がそれにあまり手を加えないで――発音は多少変ってきたでしょうけど――、だいたい後代にまでそのまま伝えられたと考えられる。だから詩句の中に出てくることばは非常に古い形を残しているわけです。おそらく教えとしても古いと学者は推定しております。そこにはマガダ語の痕跡《こんせき》がたくさんあります。マガダ語ではたとえばRが全部Lになってしまいます。日本人はLとRを区別できないといって西洋人から笑われますけれども、マガダの人はRの発音ができない、全部Lです。それからOの発音ができないでAになったり、という若干の特徴があります。それが詩の文句にはそのまま残っているのです。ということは、最初期の仏教というのはマガダを中心にして興ったから、マガダ語の影響が相当強かった、と考えられるのです。

仏教が広がりますと、後代には別のことばで書かれた。これは仏教として一向かまわない。めいめいのことばで伝えよというのですから。パーリ語というのはどういうことばかと申しますと、南アジアのタイとかセイロンの偉い坊さんにかかると、これはお釈迦さまがお話しになったことばであるぞよ、と言われます。それは伝統的にはそう言わざるを得ないでしょうが、学問的な立場で申しますと、おそらくいま伝わっているパーリ語の散文の部分のことばは西インド、すなわちボンベイの北のほうのことばだったと思います。それはその地方で見つかった碑文とか貨幣のことばを調べてみますと、パーリ語にいちばん近いのです。ということは、最初にマガダを中心として説かれた仏教が、その後、商業路に沿って、伝えられる。そうして西インドの港町へ伝わったのです。それがそのあたりのことばに改められた。それがセイロンへ伝わったわけです。だいたいカッチ半島あたりの港町からセイロンまで船でいろいろ交易が行なわれていましたから。そしてセイロンからこんど南アジアのタイだとかビルマだとかカンボジア、ラオスというような地域に、ずっとパーリ語の仏典が広がったわけです。最初はおそらく、少なくともマガダの人に対しては釈尊はマガダのことばで話したと思われます。ほかの地域の人に対してはまたほかのことばで話したことでしょう。

一方、ジャイナ教の聖典は半マガダ語といわれることばで伝えられています。「アルダ・マーガディー」と申しますが、完全なマガダ語ではなくて、半分くらいマガダ語だという意味です。ところが、西インドに伝えられた仏教はそうではなくて、パーリ語に全部直してしまったわけです。ところどころ古い詩句の中にマガダ語の痕跡を残している。ということは、逆に仏教のほうに適応性があったということにもなるわけです。それぞれの国なり地方なりの人々のことばで説かれた。ことに詩句のことばを見ますと、特別にむずかしい仏教の術語というのはないのです。だいたい当時のインド人の使っていたことばを使って述べた。今日から申しますと、詩句のことばは読みづらい。なぜ読みづらいかと申しますと、それは当時の俗語で書かれていて、俗語に関する知識を私なんかはもっておりませんから、それで読みづらいのです。けれども、当時としては民衆に迫るような、訴えるような、そういうことばで説かれたというわけです。

この点はやはり禅なんかと通ずるところがあるのではありませんか。つまり、禅宗が興った場合には、昔からの教相、法数《ほっすう》をやかましくいうような、ああいう教学ではもうシナの民衆に訴えることができなくなった。ことに唐末、五代の乱で経典類がなくなってしまった。そうなりますと、民衆に受け入れられるような形で仏教を説くというところから禅のいろいろな用語が成立したわけです。だから、マガダのことばと禅のことばには何のつながりもないのですけれども、精神においては一貫したものがあると思います。こんどは現代の問題になりますと、やはり仏教の柔軟性に基いて、現代の人に向ってああそうだとピンとくるような、そういう説き方をしなければならないということがわれわれの課題になってくると思われるのであります。

諄々と説く

それから相手に対する説き方に、これまた仏教はほかの宗教に比べて独自のものがあります。ことに詩句の部分が古いですから、その部分を二、三ご紹介いたしますと、たとえば『スッタニパータ』、これは私は非常に古い聖典だろうと思います。学者もそれを認めておりますが、ことに水野弘元博士などは、釈尊の説いたことばがそっくり『スッタニパータ』の中には伝えられているのではないか、全部が全部そうだというわけにもいかないでしょうけれども、あるものはほんとうに釈尊が言ったとおりの詩の文句を伝えているのではないかと推定しておられますが、私もその推定は多分に可能性があると思います、絶対的に証明はできませんけれども。

その中にはこういう文章が出てきます。

一切の悪を斥《しりぞ》け、汚れなく、よく心をしずめ持《たも》って、みずから安立し、輪廻《りんね》を超《こ》えて完全な者となり、こだわることのない人、――このような人は〈バラモン〉と呼ばれる。（文庫本『ブッダのことば』五一九）

一切の感受したものに対する貪《むさぼ》りを離れ、一切の感受を超えている人、――かれは〈ヴェーダの達人〉である。（同、五二九）

釈尊は理想の修行者をバラモンと呼んでいますし、祭も名目的には認めています。バラモンを尊ぶという観念は当時の民衆の間にずっと根をおろしていたわけです。これは今日に至るまでインドでは続いております。それに対して釈尊は頭からやっつけるという態度ではなくて、「ほんとうのバラモンというのは身を清らかにして煩悩《ぼんのう》の束縛を離れたいつくしみの気持をもっている人である」という説き方をしています。

実質的にはバラモン教を否定したことになるのですけれども、頭からバラモンはだめだ、という説き方はしません。ほんとうのバラモンというものはこうあるべきだといって、そこに仏教の理想を持ち出してきます。

それから民衆の行なっております祭に対しても、お前たちのやっていることは間違いだぞとは言わない。ほんとうの祭というものはこういうものだと、そういう説き方をします。たとえば火の祭がバラモンたちの行なう供犠《くぎ》のうちで最上のものである、と世間の人は信じていました。バラモンは火の祭を絶やすことはないですから、これが最上のものだと思っている。これに対して釈尊の批判がなされるわけです。

バラモンよ、木片を焼いて清浄になることができると思ってはならない、なぜならこれは外面的なことであるからである。

(パーリ原典協会本『サンユッタ・ニカーヤ』第一巻一六九ページ)

日本の仏教でも、護摩《ごま》を焚《た》くという儀式があり、ことに真言密教で盛んに行ないます。あれはヴェーダの祭を仏教が取り入れたものなのです。「護摩」というのは、サンスクリット語の「ホーマ」(homa)という語を音写したものであり、ヴェーダの宗教では火に供物《くもつ》をささげ、火の中に供物を投ずることを言います。後代の仏教はそれを取り入れて、護摩を焚くことによってわれわれの内心の煩悩を清らかにする、そういうぐあいに解釈しているわけです。もとは火を焚くことによってお供物を投ずるのです。火がそれを焼いて天に運んでいく。火の別名は「ヴァフニ」(《S》vahni)というのですが、「運ぶもの」という意味です。天の神々のところへお供物を運んでいく、そういう観念がバラモン教のほうではありました。それが真言密教に取り入れられて、仏教的な全体の仕組みの中に納められたのです。いまデリー大学の先生になっているインド人の婦人の学者を日光の輪王寺へ連れていきまして、そして護摩壇を見せた。喜びましたね。インドでやっているのとそっくりのことをここでやっているというのです。それほどつながりがあるのです。これに対する釈尊の批判ですが、

木片を焼いて清らかになると思ってはいけない。外の物によって完全な清浄を得たいと願っても、それによっては清らかとはならない。バラモンよ、われは木片を焼くのを放棄して内部の火をともす。永遠の火によって常に心がしずまっている。われは尊敬さるべき行者、阿羅漢《あらかん》であって、清浄な行ないを行なう者である。よく制御された自己は人間の光である。(同、第一巻一六九ページ)

ことに祭において動物の犠牲を供することを、釈尊は激しく非難しました。これはほんとうの祭ではない、祭の堕落した形である、ほんとうの祭というものは内心を清めることである。こういう説き方が釈尊にとって非常に特徴的です。頭から喧嘩《けんか》を売るような、そういう態度は示さない。相手が何か固執しているところがあれば、それはなるほどけっこうだ、けれどもそのほんとうの意義を考えてごらんなさいといって、反省させる。これが他の世界宗教の指導者の場合と非常に違うわけですね。たとえばバイブルなんか見てごらんなさい。何かお祭のときに屋台があった、両替人《りょうがえにん》もいたり、ハトを売っているようなのがいる、それをイエスがひっくり返した、という非常にきつい闘争的な態度が示されておりますでしょう。ところが、釈尊の生涯にはそういうことはないのです。諄々と説く。これがまた非常に現代のわれわれにとっても教えられる点が多いのではないかと思います。相手のやっていることが間違っていると思うとき、いきなりお前さんのやっていることは間違いだぞと言えば、相手の人はムッとなって、無理にでも反抗するわけでしょう。そうではなくて、相手の人があああいうことをやっているのは何かわけがあるのだな、これは因縁《いんねん》のいたすところだというので、その因縁をよく見て、ほんとうはこうあるべきだというぐあいに諄々と説くならば、摩擦《まさつ》抗争を起さないで人を教化することができるということになりはしませんか。

こういう点は、ことに『正法眼蔵随聞記《しょうぼうげんぞうずいもんき》』の中で道元禅師がいろいろこまかにさとしています。ああいう点もやはり昔からずっと伝統のあることであって、釈尊の時代に由来します。この態度がアショーカ王の詔勅文にもよく出ています。ほんとうの祭祀あるいは偉大な果報とか、そういうようなことを説いております。ここに仏教がアジア諸国に広がる場合の一つのあり方が予示されています。つまり世界のあらゆる宗教は武力を伴って広がったものです。武力を伴わないで広がったものは仏教だけです。そのことは西洋の学者も言っております。英語でパースウェージョン、説得によって広がった宗教は仏教だけだというのです。そのためには釈尊のこういう深い思いやりというものがあったと考えられるのです。

第三講　最後の旅路

——文庫本『ブッダ最後の旅』にもとづいて

1　故郷を目ざして

釈尊の具体的な教えとしては、すでに第一講で申しました『マハーパリニッバーナ・スッタンタ』(文庫本『ブッダ最後の旅』)の中にいろいろ人間らしい姿が出ているのでありまして、それを若干お伝えいたします。

最後の死を述べたこの経典では、釈尊は霊鷲山《りょうじゅせん》を出て、そしてネパールのほうに向ってずっと旅を続けます。齢《よわい》八十にして徒歩であの長い旅路を進むということは、これは容易ならぬことです。その気持というものはなかなか私どもにはわかりませんけれども、ごく人間らしい想像が許されるならば、偉い人はだいたい自分の死期《しご》の迫ったのを感じることでしょう。そうなりますと、故郷へ帰って死にたいという気持、これはやはりあるのではないでしょうか。話は少し違いますけれども、アメリカで一世の方で成功した、功成り名遂げた方は大ぜいおります。そういう人が日本から何をもらいたいと思いますか。何をもらったときいちばん喜ぶでしょうか。日本の墓石だそうです。故郷には帰れない。自分は故郷の墓石のもとに眠りたい。やはり外国で長く暮した方は最後にはそう思うのではないでしょうか。私の恩師の宇井伯寿先生は非常に志の堅い方で、学問一途《いちず》に進まれた方ですが、お亡くなりになる前には、これは奥様から伺ったのですが、故郷の三河にあるお寺、東漸寺と申しますが、そのお寺のことを始終おっしゃって、そちらへ何か物を送りたいというようなこともおっしゃっていたそうです。そういう偉い方々のお話を伺いまして、こんどは古い時代を類推するわけですが、釈尊もやはり生れ故郷へ帰りたいという気持があったのではないでしょうか。故郷から七十マイルくらいの近いところへ来て、そのクシーナガラ(クシナーラー)で亡くなったわけです。その間の旅路のことがその経典にずっと出ているのです。

発端は、アジャータサットゥ(阿闍世)王がヴァッジ族を攻め滅ぼそうとして、どうでしょうかといって、王の命を受けた大臣が釈尊に伺いを立てるというところから始まっています。まず、インド第一の強大なこの国王は自分の大臣をして釈尊に伺いを立てさせるのです。

そこでマガダ国王アジャータサットゥ、……は、マガダの大臣であるヴァッサカーラというバラモンに告げていった。「さあ、バラモンよ、尊師のいますところへ行け。そこへ行って、尊師の両足に頭をつけて礼せよ。そうしてわがことばとして、尊師が健勝であられ、障《さわ》りなく、軽快で気力あり、ご機嫌がよいかどうかを問え。そうして、このように言え、——尊い方よ。マガダ国王アジャータサットゥはヴァッジ族を征服しようとしています。かれはこのように申しました。——〈このヴァッジ族はこのように繁栄し、このように勢力があるけれども、わたしは、かれらを征服しよう。ヴァッジ族を根絶しよう。ヴァッジ族を滅ぼそう。ヴァッジ族を無理にでも破滅に陥《おとしい》れよう〉——と。そうして尊師が断定せられたとおりに、よくそれをおぼえて、わたしに告げよ。けだし完全な人(如来《にょらい》)は虚言を語られないからである」と。

「かしこまりました」とヴァッサカーラは王に返事して、華麗な多くの乗物を装備して、みずからも華麗な乗物に乗って、それらをつれて王舎城から出て〈鷲の峰〉という山に赴いた。乗物に乗って行き得る地点までは乗物で行き、そこで乗物から下りて、徒歩で尊師の在《いま》すところに近づいた。近づいてから尊師に挨拶のことば、喜びのことばを取り交わして、一方に坐した。

さて、マガダ国の大臣・バラモンであるヴァッサカーラは、一方に坐して、尊師に次のように言った。——

「きみ、ゴータマよ。マガダ国王アジャータサットゥ、すなわちヴィデーハ国王の女《むすめ》の子、は、きみゴータマの両足に頭を垂れて礼拝し、〈あなたが健勝であられ、障りなく、軽快であられるかどうか、気力あられ、ご機嫌がよいかどうかをおたずねします。マガダ国王アジャータサットゥ、すなわちヴィデーハ国王の女の子、は、ヴァッジ族を征服しようとしています。かれはこのように申しました、——〈このヴァッジ族はこのように繁栄し、このように勢力があるけれども、わたしは、かれらを征服しよう。ヴァッジ族を根絶しよう。ヴァッジ族を滅ぼそう。ヴァッジ族を無理にでも破滅に陥れよう。〉——」と。（文庫本『ブッダ最後の旅』一・二—三）

ゴータマ・ブッダは、不傷害、慈悲を説いた人ですから、「戦争をしかける」などという企図に賛成することはできませんでした。しかし、釈尊は、いきなりお前のやることは間違っているよ、とは言わない。ヴァッジ族はどういう生活をしているかということを侍者アーナンダに問うのです。

それに対する答えが出ているのですが、ヴァッジ人はしばしば会議を開き、会議には大ぜいの人が集る。第二に、ヴァッジ人は共同して集り、共同して行動し、共同してなすべきことをなす。第三に、ヴァッジ人はいまだ定められていないことを定めず、すでに定められたことを破らず、昔定められた法に従って行動しようとする（このヴァッジ人というのは当時の商業民族です。共和国をつくっていたのです。だから会議を開くというようなことが頻繁にいわれているわけです）。それから第四に、ヴァッジ人は古老を敬い尊び崇《あが》め、もてなし、彼らのことばを聞く。第五に、ヴァッジ人は宗族の婦女、各家柄の婦女、童女を暴力をもって連れ出し、とらえ、とどめることをしない。第六に、ヴァッジ人はヴァッジ族の霊場（チェーティヤ）を敬い尊び、崇め、支持し、供え物を廃することをしない。第七に、ヴァッジ人は真人（阿羅漢）たちに保護と防御と支持とを与える。そしてまだ来ない真人たちがこの領土に来るように、またすでに来た真人たちが領土のうちに安らかに住まうであろうことを願う、と。

その原文は、次のようになっています。

そのとき若き人アーナンダは尊師の背後にいて、尊師を煽《あお》いでいた。そこで尊師は若き人アーナンダにたずねた。

「アーナンダよ。〔1〕ヴァッジ人は、しばしば会議を開き、会議には多くの人々が参集する、ということをお前は聞いたか？」

「尊い方よ。〔1〕ヴァッジ人は、しばしば会議を開き、会議には多くの人々が参集する、ということを、わたくしは聞きました。」

「それでは、アーナンダよ。ヴァッジ人が、しばしば会議を開き、会議には多くの人々が参集する間は、ヴァッジ人には繁栄が期待され、衰亡は無いであろう。アーナンダよ。〔2〕ヴァッジ人は、協同して集合し、協同して行動し、協同してヴァッジ族として為すべきことを為す、ということをお前は聞いたか？」

「尊い方よ。〔2〕ヴァッジ人は、協同して集合し、協同して行動し、協同してヴァッジ族として為すべきことを為す、ということを、わたくしは聞きました。」

「それでは、アーナンダよ。ヴァッジ人が、協同して集合し、協同して行動し、協同してヴァッジ族として為すべきことを為す間は、ヴァッジ人には繁栄が期待され、衰亡は無いであろう。

アーナンダよ。〔3〕ヴァッジ人は、未だ定められていないことを定めず、すでに定められたことを破らず、往昔に定められたヴァッジ人の旧来の法に従って行動しようとする、ということをお前は聞いたか？」

「尊い方よ。〔3〕ヴァッジ人は、未だ定められていないことを定めず、すでに定められたことを破らず、往昔に定められたヴァッジ人の旧来の法に従って行動しようとする、ということを、わたくしは聞きました。」

「アーナンダよ。ヴァッジ人が、未来の世にも、未だ定められていないことを定めず、すでに定められたことを破らず、往昔に定められたヴァッジ人の旧来の法に従って行動する間は、ヴァッジ人には繁栄が期待され、衰亡は無いであろう。

アーナンダよ。〔4〕ヴァッジ人は、ヴァッジ族のうちの古老を敬い、尊び、崇《あが》め、もてなし、そうして彼らの言を聴くべきものと思う、ということを、お前は聞いたか？」

「尊い方よ。〔4〕ヴァッジ人は、ヴァッジ族のうちの古老を敬い、尊び、崇め、もてなし、そうして彼らの言を聴くべきものと思う、ということを、わたくしは聞きました。」

「アーナンダよ。ヴァッジ人が、ヴァッジ族のうちの古老を敬い、尊び、崇め、もてなし、そうして彼らの言を聴くべきものと思っている間は、ヴァッジ人には繁栄が期待され、衰亡は無いであろう。

アーナンダよ。〔5〕ヴァッジ人は、良家の婦女・童女をば暴力で連れ出し拘《とら》え留める(＝同棲する)ことを為さない、ということを、お前は聞いたか？」

「尊い方よ。〔5〕ヴァッジ人は、良家の婦女・童女をば暴力で連れ出し拘え留めることを為さない、ということを、わたくしは聞きました。」

「アーナンダよ。ヴァッジ人が、良家の婦女・童女を暴力で連れ出し拘え留めることを為さない間は、ヴァッジ人には繁栄が期待され、衰亡は無いであろう。

アーナンダよ。〔6〕ヴァッジ人は（都市の）内外のヴァッジ人のヴァッジ霊域を敬い、尊び、崇め、支持し、そうして以前に与えられ、以前に為されたる、法に適《かな》ったかれらの供物を廃することがない、ということを、お前は聞いたか？」

「尊い方よ。〔6〕ヴァッジ人は（都市の）内外のヴァッジ人霊域を敬い、尊び、崇め、支持し、そうして以前に与えられ、以前に為されたる、法に適ったかれらの供物を廃することがない、ということを、わたくしは聞きました。」

「アーナンダよ。ヴァッジ人が（都市の）内外のヴァッジ人のヴァッジ霊域を敬い、尊び、崇め、支持し、そうして以前に与えられ、以前に為されたる、法に適ったかれらの供物を廃することがない間は、ヴァッジ人には繁栄が期待され、衰亡は無いであろう。

アーナンダよ。〔7〕ヴァッジ人が真人（尊敬さるべき修行者）たちに、正当の保護と防禦《ぼうぎょ》と支持とを与えてよく備え、未だ来らざる真人たちが、この領土に到来するであろうことを、またすでに来た真人たちが、領土のうちに安らかに住まうであろうことをねがう、ということを、お前は聞いたか？」

「尊い方よ。〔7〕ヴァッジ人が真人（尊敬さるべき修行者）たちに、正当の保護と防禦と支持とを与えてよく備え、未だ来ない真人たちが、この領土に到来するであろうことを、またすでに来た真人たちが、領土のうちに安らかに住まうであろうことをねがう、ということを、わたくしは聞きました。」

「アーナンダよ。ヴァッジ人が真人たちに、正当の保護と防禦と支持とを与えてよく備え、未だ来らざる真人たちが、この領土に到来するであろうことを、またすでに来た真人たちが、領土のうちに安らかに住まうであろうことをねがう間は、ヴァッジ人には繁栄が期待され、衰亡は無いであろう。」(一・四)

こういう七カ条が述べられているのですが、これを今日の立場から分析しますと、幾つかの特徴が認められます。まず第一に、共和の精神が強調されています。つまり共同体の構成員が一致協力して仲よく暮すということです。和合の精神といってもいいでしょう。そういう精神を持っているならば、たやすく外敵に滅ぼされるということはないというのです。

第二に観念的な保守主義です。つまり人間の守るべき理法というものは永遠のものである。だからそれから逸脱しないようにする。古老を敬うというのも同様の考え方に由来します。現実には事柄は変化します。しかしそこに存する根本のことわりというものには一貫したものがある、昔からのものであるはずだ。これを尊ぶというのです。

第三に、いかなる宗教をも尊敬するといいますか、あるいはほんとうの宗教者を尊重する、こういう態度です。真人《アラハント》というのは阿羅漢で、尊敬さるべき人というのですが、これは諸宗教全体を通じて言ったのです。ジャイナ教でも偉い修行者はみな真人というのです。そのほかいろいろな宗教があったわけですが、ここでは釈尊の弟子でなければいけないとかいうような狭い宗派心というのはないわけです。ほんとうの宗教者であればいいという考え方なのです。そういうのがヴァッジ族のところへ来る。そういう人をもてなすかどうか、が問題になっていたのです。

このように、一つ一つヴァッジ族の習俗をただしてみて、このとおり実行している、それならば簡単に滅ぼすことなんかできませんよといって、そしてアジャータサットゥ王をして征伐の計画をやめさせるわけです。「戦争なんかしてはいけません」と頭から言わないで、諄々と説くわけです。非常に具体的に説いています。

ヴァッジ人たちはヴェーサーリー市を中心として共和国を形成し、特に商業活動を盛んに行なっていました。ゴータマ・ブッダがこの種族の社会活動を理想的なものと考え、一種のユートピアのように考えていたという事実は重要でしょう。

ヴァッジ人たちが理想的な種族であり、富強であるという事実を印象づけたあとで、アジャータサットゥ王の侵略政策を中止するようにしむけます。

そこで尊師はマガダの大臣であるヴァッサカーラというバラモンに答えた。――「バラモンよ。かつて或るときわたくしが、ヴェーサーリーのサーランダダ霊域に住んでいた。そこで、わたくしはヴァッジ人に衰亡を来たさないための法を説いた。この七つがヴァッジ人の間に存し、またヴァッジ人がこの七つをまもっているのが見られる限りは、ヴァッジ人に繁栄が期待せられ、衰亡は無いであろう。」

そのように教えられて、マガダ国の大臣・バラモンであるヴァッサカーラは、尊師に次のように言った。――

「きみ、ゴータマよ。衰亡を来たさないための法の一つを具《そな》えているだけでも、ヴァッジ人に繁栄が期待せられ、衰亡は無いであろう。況《いわ》んや七つすべてを具えているなら、なおさらです。きみ、ゴータマよ。マガダ国王アジャータサットゥ――ヴィデーハ国王の女《むすめ》の子――は、戦争でヴァッジ族をやっつけるわけには行きません。――外交手段だの、離間策によるのでない限り――。きみ、ゴータマよ。さあ、出かけましょう。われわれは忙しくて為すべきことが多いのです。」

〔ゴータマは答えた〕「バラモンよ。ではどうぞご随意に、（お出かけなさい。）」
そこでヴァッサカーラ、マガダ国の大臣・バラモンであるヴァッサカーラは尊師の説かれたことを歓び、喜んで、座を起《た》って去った。（一・五）

2　商業都市ヴェーサーリーにて

釈尊は、それから旅に出るわけです。途中の村で休息したような姿、これは今のインドでそっくりだったと思うようなことがあります。

そこで釈尊は下着をつけて、衣鉢《えはつ》をとって、修行者たちとともに休息所に近づいた。両足を洗い——これはインド人ははだしで歩きますから、両足を洗い、休息所に入って、中央の柱に寄って東に面して坐った。そして修行者たちも同様に両足を洗って師に従って坐った。

続いて釈尊は商業都市ヴェーサーリー（ヴァイシャーリー）に赴くのです。

さて尊師はナーディカ村に心ゆくままに住してのちに、若き人アーナンダに告げた。「さあ、アーナンダよ、ヴェーサーリーに赴こう」と。

「かしこまりました」と若き人アーナンダは尊師に答えた。（二・一一）

ヴェーサーリーというのはヴァッジ族の根拠地です。商業都市として有名で、自由主義の気風がありました。商業都市はどうしても自由主義になる傾きがあります。だから教団が最初に分裂したときに十事の非事（間違ったこと）というのがありますでしょう。十の、正統派から見ると間違ったことを言い出した人がいる。たいした間違ったことだとは私たちは思いませんけれども、それを言い出した自由主義の人たちというのはヴァッジ族の修行僧たちなのです。リベラルなのです。それから維摩居士《ゆいまこじ》が出てくる『維摩経』のあのシーン、あれはヴェーサーリーでしょう。漢訳では、「毘舎離」とか「毗耶離」とか書かれています。商業都市なのです。だから維摩居士のようなああいう人間像がそこへ出てくるわけです。そのヴェーサーリーの町へ釈尊は行った。

そこで尊師は多くの修行僧とともにヴェーサーリーに赴かれた。そうしてそのヴェーサーリーで尊師はアンバパーリー女の林に住された。（二・一一）

最初に供養をしたのがアンバパーリーです。彼女は「ガニカー」(gaṇikā)と、もとのことばで述べられております。当時の娼婦なのです。そういう者の招待でも釈尊は受けました。その次第は、原文には次のように記されています。

さて遊女アンバパーリーは、「尊師がヴェーサーリーに来られて、ヴェーサーリーのうちのわたくしのマンゴー林におられるそうだ」と聞いた。そこで遊女アンバパーリーは、多くのいとも麗《うる》わしい乗物を装備して、それぞれ麗わしい乗物に乗って、多くのいとも麗わしい乗物をともなって、ヴェーサーリーの外に出て、自分の園に赴いた。

乗物に乗って行ける距離は乗物で行って、次に乗物から降りて、徒歩で尊師のおられるところに近づいた。

近づいてから、尊師に挨拶して、一方に坐った。一方に坐った遊女アンバパーリーを、尊師は〈法に関する講話〉によって教え、諭《さと》し、励まし、喜ばせた。

そこで遊女アンバパーリーは〈法に関する講話〉によって、尊師に、教え諭し励まし喜ばされて、尊師に次のように言った。――「尊い方よ。尊師は明日わたくしの家で、修行僧らとともに、お食事をなさって下さい」と。

尊師は沈黙をもって同意を示された。そこで遊女アンバパーリーは尊師の同意を知って、座から起《た》って、尊師に挨拶し、右肩をむけて廻って、出て行った。

（二・一四）

釈尊が来られたということを聞いて、ヴェーサーリーの五百人の王子たちが、どうか自分のほうへおいでくださいといってやってきた。ところが、一足さきに釈尊はアンバパーリー女のほうに約束してしまった。だから今夕はアンバパーリーのほうへ赴くのだといった。そこで五百人の王子たちが、ああ小娘にしてやられた、残念だといって嘆いたという話があります。

原文には、次のような話になっています。

さて、ヴェーサーリー市のリッチャヴィ族は「尊師がヴェーサーリーに到達して、ヴェーサーリーのうちのアンバパーリー女の林にとどまっておられるそうだ」ということを聞いた。そこでそのリッチャヴィ族の者どもは、麗わしい乗物を幾つも装備して、それぞれ麗わしい乗物に乗って、幾多の麗わしい乗物をともなって、ヴェーサーリー市から出て行った。

そこで、リッチャヴィ族の或る者どもは、紺青《こんじょう》で、紺青色であり、紺青の衣をまとい、紺青の飾りをつけていた。リッチャヴィ族の或る者どもは、黄で、黄色であり、黄色の衣をまとい、黄色の飾りをつけていた。リッチャヴィ族の或る者どもは赤みがかっていて、赤色であり、赤い衣をまとい、赤い飾りをつけていた。リッチャヴィ族の或る者どもは白くて、白色であり、白い衣をまとい、白い飾りをつけていた。(二・一五)

リッチャヴィ族は、商業活動に従事していましたから、人種的にもいろいろであり、服装も種々雑多であったという事実がここに反映している、と考えられます。

そのとき遊女アンバパーリーは、リッチャヴィ族の若者どもに、軸と軸、輪と輪、軛《くびき》と軛とを衝突させた。そこでリッチャヴィ族の者どもは遊女アンバパーリーに次のように言った。

「おい、アンバパーリーよ。お前が多くのリッチャヴィ族の若者どもに、軸と軸、輪と輪、軛と軛とを衝突させたのは、どうしてであるか?」と。

「貴公子さまがたよ。わたくしは尊師を、修行僧たちとともに、明日、わたくしの家でお食事をなさるようにご招待したからです。」

「やあ、アンバパーリーよ。十万金をあげるから、そのお食事のおもてなしをわれわれにさせてくれ。」

「貴公子さまがたよ。たとえあなたがたが、わたくしにヴェーサーリー市とその領土とをくださっても、このようなすばらしい食物のおもてなしをゆずりは致しません。」

そこで、そのリッチャヴィ族の者どもは指をパチッと弾《はじ》いた。「ああ、われわれは女の子に負けてしまった。ああ、われわれは女の子にたぶらかされてしまった」と。（二・一六）

けれどもリッチャヴィの貴公子たちは、そのまま諦《あきら》めることはできませんでした。まだねばったのです。

そこでそのリッチャヴィ族の者どもは、アンバパーリーの林におもむいた。（二・一六）

さて、かれらリッチャヴィ族の若者どもは、乗物に乗って行ける距離は乗物で行って、次に乗物から降りて、徒歩で尊師のおられるところに近づいた。かれらは尊師に近づいて挨拶して、一方に坐した。一方に坐したかれらリッチャヴィ族の者どもを、尊師は〈法に関する講話〉によって教え、諭《さと》し、励まし、喜ばせた。

そこでリッチャヴィ族の者どもは、〈法に関する講話〉によって尊師に教え諭し励まし喜ばされて、尊師に次のように言った。——

「尊い方よ。尊師は明日わたくしどもの家で修行僧がたとともに、お食事なさるのをご承諾《しょうだく》ください」と。

「リッチャヴィ人たちよ。わたくしはすでに、明日、遊女アンバパーリーから食事を受けることを、承諾しました。」

そこでそのリッチャヴィ族の者どもは指を弾《はじ》いた。

「ああ残念だ。われわれは、たかが女の子に負けてしまった。ああ残念だ。われわれは、つまらぬ女の子にだまされた。」

そこでかれらリッチャヴィ人どもは尊師の説かれたことを非常に喜び感謝して、座席から起《た》って、尊師に敬礼して、右肩を向けて廻って出て行った。(二・一八)

以上の物語について知りうることは、釈尊はいかなる人間に対しても温情をもって対している。先約を重んじたわけです。王子たちが言ってきたからといって、そこでひっくり返すということはしないわけです。ガニカー(娼婦とか遊女)と申しましても、当時は社会的地位は高かったらしいのです。遊女の社会的地位が高かったというのは、ペリクレス時代のギリシアにも見られることです。これは一つには当時の貨幣経済の進展とうらはらの関係だと思うのです。このアンバパーリーという遊女はヴェーサーリーの郊外にアンバの園というのですか、マンゴー樹林、そういう別荘地をもっていたというのですから、大したものです。それでそのマンゴーの林へ釈尊を請《しょう》じたというのです。そしてアンバパーリーは食事のもてなしをした。

さて遊女アンバパーリーは、その夜の間に(徹夜して)自分の園に、美味の嚙む食物(固い食物)・吸う食物(柔かい食物)を準備させて、尊師に時を告げた、――「尊い方よ、時間でございます。お食事の用意ができました」と。

そこで尊師は、朝のうちに、内衣を着け、上衣と鉢とをたずさえて、修行僧らとともに遊女アンバパーリーの住居に赴いた。赴いて、設けられた席に坐した。

そこで遊女アンバパーリーは、ブッダを上首とする修行僧たちに、手ずから、美味の嚙む食物・吸う食物をもって、満足させて、飽くまで給仕した。(二・一九)

尊師が食し終り、鉢と手とを洗ったときに、アンバパーリーは他の低い席をとって一方に坐した。そこで釈尊は法話をもって彼女を教え、諭し、励まし、喜ばせ、座から立って去っていった。まことに淡々としたものです。

さて尊師が食し終わり、鉢と手とを洗われたときに、遊女アンバパーリーは他の低い席をとって、一方に坐した。一方に坐した遊女アンバパーリーは尊師に次のように言った。——

「尊い方よ。わたくしはこの園林を、ブッダを上首とする修行僧のつどいに献上します」と。

尊師はその園林を受けた。そこで尊師は〈法に関する講話〉をもってかの女を教え、諭し、励まし、喜ばせ、座から起《た》って、去って行った。

さて尊師は、そのヴェーサーリーのうちのアンバパーリー女の林にとどまっておられたあいだに、この数多くの〈法に関する講話〉をなされた。すなわち「戒律とはこのようなものである。精神統一とはこのようなものである。知慧とはこのようなものである。戒律とともに修行して完成された精神統一は大いなる果報をもたらし、大いなる功徳《くどく》がある。精神統一とともに修養された知慧は、大いなる果報をもたらし、大いなる功徳がある。知慧とともに修養された心は、もろもろの汚れ、すなわち欲望の汚れ、生存の汚れ、見解の汚れ、無明の汚れから全く解脱《げだつ》する」と。
（二・一九―二〇）

最後に遊女アンバパーリーが土地や園林を寄進したという話は、教団成立史上重要です。こうして経済的基盤が確立することによって、やがて仏教の大教団が成立することになったのですから。

3　最後の説法

そこで釈尊は禅定《ぜんじょう》に入った。そのとき雨季になったのです。雨季の安居《あんご》に入ったときにおそろしい病いが生じ、死ぬほどの激痛が起った、そう書かれています。けれども釈尊は禅定に入ってそれを耐え忍んだ。そこでアーナンダが最後の説法をお願いすると、釈尊は教えを説かれるのですが、そのことばはまことに痛切です。

先ず第一に言うことは、自分には秘密の教えというものがない、内と外との区別なしにことごとく法を説いた。自分はみずから体得したことをすべて説いてしまったのだ、というのです。ここに普遍的宗教の立場が明瞭に表現されています。

アーナンダよ。修行僧たちはわたくしに何を期待するのであるか？　わたくしは内外の隔てなしに(ことごとく)理法を説いた。全き人の教えには、何ものかを弟子に隠すような教師の握拳《にぎりこぶし》は、存在しない。(二・二五)

第二に明確に示されているのは、教祖としての個人的権威の否定です。大切なのは、人間としての真理を体得し、実践することです。それは宗教的カリスマの否認ということだとも言えるでしょう。原文には次のようにいいます。

「わたくしは修行僧のなかまを導くであろう」とか、あるいは「修行僧のなかまはわたくしに頼っている」とこのように思う者こそ、修行僧のつどいに関して何ごとかを語るであろう。しかし向上につとめた人は「わたくしは修行僧のなかまを導くであろう」とか、あるいは「修行僧のなかまはわたくしに頼っている」とか思うことがない。向上につとめた人は修行僧のつどいに関して何を語るであろうか。

（二・二五）

この立論をつき詰めていくと、驚くべき結論に到達します。後代に発達した〈仏教〉なるものが全部ゴータマ・ブッダによって否定されることになってしまうでしょう。第三に、それと関連したことですが、釈尊といえども普通の人間であり、老いるという運命を免《まぬが》れることはできないし、そのことを自覚していたのであります。

アーナンダよ。わたしはもう老い朽《く》ち、齢をかさね、老衰し、人生の旅路を通り過ぎ、老齢に達した。わが齢は八十となった。譬えば古ぼけた車が革紐《かわひも》の助けによってやっと動いて行くように、恐らくわたしの身体も革紐の助けによってもっているのだ。（二・二五）

第四に、その悲しむべき運命にも支配されない道がある、と説いています。

しかし、向上につとめた人が一切の相をこころにとどめることなく一部の感受を滅ぼしたことによって、相の無い心の統一に入ってとどまるとき、そのとき、かれ

の身体は健全(快適)なのである。(二・二五)

第五に、究極のよりどころとして、〈自己にたよれ〉ということを教えました。それは同時に、人間が生きてゆくための規範としての〈法〉(《P》dhamma,《S》dharma)にたよることなのです。

それ故に、この世で自らを島とし、自らをたよりとして、他人をたよりとせず、法を島とし、法をよりどころとして、他のものをよりどころとせずにあれ。(二・二六)

これが最高の境地なのです。ニルヴァーナ(涅槃《ねはん》)というものが別に存在するのではありません。

アーナンダよ。今でも、またわたしの死後にでも、誰でも自らを島とし、自らをたよりとし、他人をたよりとせず、法を島とし、法をよりどころとし、他のものをよりどころとしないでいる人々がいるならば、かれらはわが修行僧として最高の境

地にあるであろう、――誰でも学ぼうと望む人々は――。(二一・二六)

このように釈尊は、自分は老人であって自分はだめだと思いながら、なお心の安らぎ、安定を目ざして修行していたのです。修行は一生の仕事であり、つとめでありす。

ここでは釈尊が自分は教団の指導者であるということをみずから否定しているのです。釈尊はその教えが永遠の理法、ダルマに基くものであるという確信をもっていました。だから自分についてきた者は救われる、そういう立場ではないのです。ブッダというのは、法、ダルマを具現した人です。その資格において、その意義において自分を自覚していた。「おれは世を救う者である、おれに従えば助かるけれども、そうでなかったら地獄におちるぞよ」というような説き方はしなかったわけです。世の宗教家に時にはある狂熱的な思い上った、そういう点が釈尊にはなかったのであります。そうしてそれがまた人々に尽す所以《ゆえん》でもあるのです。

「……修行僧たちよ。これらの法を、わたしは知って説いたが、お前たちは、それを良くたもって、実践し、実修し、盛んにしなさい。それは、清浄な行ないが長くつづき、久しく存続するように、ということをめざすのであって、そのことは、多くの人々の利益のために、多くの人々の幸福のために、世間の人々を憐れむために、神々と人々との利益・幸福になるためである」と。（三・五〇）

そうしてゴータマ・ブッダは死の覚悟を表明します。

そこで尊師は修行僧たちに告げられた、「さあ、修行僧たちよ。わたしはいまお前たちに告げよう、――もろもろの事象は過ぎ去るものである。怠《なま》けることなく修行を完成なさい。久しからずして修行完成者（＝ゴータマ・ブッダ）は亡くなるだろう。これから三カ月過ぎたのちに、修行完成者は亡くなるだろう」と。（三・五一）

さらに詩のかたちで次のようにも表明されています。

「わが齢は熟した。
わが余命はいくばくもない。
汝らを捨てて、わたしは行くであろう。

わたしは自己に帰依することをなしとげた。

汝ら修行僧たちは、怠ることなく、よく気をつけて、
よく戒《いま》しめをたもて。

その思いをよく定め統一して、おのが心をしっかりとまもれかし。

この教説と戒律とにつとめはげむ人は、生れをくりかえす輪廻をすてて、苦しみも終滅するであろう」と。（三・五一）

そうしていよいよヴェーサーリーを去るのです。峠の上に登ってヴェーサーリーの都を見て、そこで感慨を述べます。

アーナンダよ。ヴェーサーリーは楽しい。ウデーナ霊樹の地は楽しい。ゴータマカ霊樹の地は楽しい。七つのマンゴーの霊樹の地は楽しい。バフプッタ(木の名)の霊樹の地は楽しい。サーランダダ(ある神霊の名)霊樹の地は楽しい。チャーパーラ(木の名)霊樹の地は楽しい。（三・二）

また釈尊は「この世界は美しいものだし、人間の命は甘美なものだ」という感情を

洩《も》らします。人が死ぬとき、この世の名残りを惜しみ、死に際して今さらながらこの世の美しさと人間の恩愛に打たれる。それがまた釈尊の人間としてのありのままの心境でありました。

そこで鍛冶《かじ》工の子であるチュンダは、尊師によって〈法に関する講話〉をもって教えられ、諭され、激励され、喜ばされて、次のように言った。

「尊い方よ。尊師は明朝、修行僧らの集いとともに、わたくしの家で食事をなさるのを承諾してください」と。

尊師は沈黙によって同意された。

そこで鍛冶工の子であるチュンダは、尊師の承諾を知って、座から起ち、尊師に敬礼して、右肩を向けてまわって、去って行った。

それから鍛冶工の子チュンダは、その夜の間に、自分の住居に、美味なる噛む食物・柔かい食物と多くのきのこ料理とを用意して、尊師に時を告げた、「時間になりました。尊い方よ。お食事は準備してございます」と。

そこで尊師は、早朝に、内衣をととのえ、上衣と鉢とをたずさえて、修行僧のなかまとともに、鍛冶工の子チュンダの住居におもむかれた。おもむいて、かねて設けられてあった席に坐せられた。坐してから、尊師は、鍛冶工の子チュンダに言われた。

「チュンダよ。あなたの用意したきのこの料理をわたしにください。また用意された他の嚙む食物・柔かい食物を修行僧らにあげてください」と。

「かしこまりました」と、鍛冶工の子チュンダは尊師に答えて、用意したきのこ料理を尊師にさし上げ、用意した他の嚙む食物・柔かい食物を修行僧らにさし上げた。

そこで尊師は、鍛冶工の子チュンダに告げられた。

「チュンダよ。残ったきのこ料理は、それを穴に埋めなさい。神々・悪魔・梵天・修行者・バラモンの間でも、また神々・人間を含む生きものの間でも、世の中で、修行完成者(如来)のほかには、それを食して完全に消化し得る人を、見出しません」と。

「かしこまりました」と、鍛冶工の子チュンダは尊師に答えて、残ったきのこ料理を穴に埋めて、尊師に近づいた。近づいて尊師に敬礼し、一方に坐した。チュンダが一方に坐したときに、尊師は〈法に関する講話〉によってかれを教え、諭し、励まし、喜ばせて、座から起って、出て行かれた。(四・一五—九)

そして、そこで食物にあたって中毒するということになるのです。それで痛む。どうもお腹のぐあいが悪い。けれどもやはり旅を続けるのです。

さて尊師が鍛冶工の子チュンダの食物を食べられたとき、激しい病いが起り、赤い血が迸《ほとばし》り出る、死に至らんとする激しい苦痛が生じた。尊師は実に正しく念《おも》い、よく気をおちつけて、悩まされることなく、その苦痛を耐え忍んでいた。

さて尊師は若き人アーナンダに告げられた、「さあ、アーナンダよ、われらはクシナーラーに赴こう」と。

「かしこまりました」と、若き人アーナンダは答えた。（四・二〇）

古くから伝わっている詩の文句では、次のように伝えています。

このように、わたくしは聞いた。

——鍛冶工であるチュンダのささげた食物を食《め》して、

しっかりと気をつけている人は、ついに死に至る激しい病いに罹《かか》られた。

菌《きのこ》を食べられたので、師に激しい病いが起った。

下痢をしながらも尊師は言われた。

「わたしはクシナーラーの都市に行こう」と。

それから尊師は路から退いて、一本の樹の根もとに近づかれた。近づいてから、若き人アーナンダに言った。

「さあ、アーナンダよ。お前はわたしのために外衣を四つ折りにして敷いてくれ。わたしは疲れた。わたしは坐りたい。」

「かしこまりました」と、アーナンダは尊師に答えて、外衣を四重にして敷いた。

尊師は設けられた座に坐った。坐ってから、尊師は、若き人アーナンダに言った。

「さあ、アーナンダよ。わたしに水をもって来てくれ。わたしは、のどが渇いている。わたしは飲みたいのだ。」(四・二〇—二二)

こういうところはほんとうに釈尊のそのときの姿、師弟の対話が生き生きと伝えられていると思います。

そしていよいよクシナーラー(クシーナガラ)へ近づく。その近くにヒラニヤヴァティーという河があります。「ヒラニヤ」というのは黄金です。「ヴァティー」というのは「……が有るもの」という意味です。だから昔はその河に黄金がとれたのだろうと思うのです。今日は小さな河が残っているだけです。

その状況については、次のように述べています。


さて、尊師は若き人アーナンダに告げた。

「さあ、アーナンダよ。ヒラニヤヴァティー河の彼岸にあるクシナーラーのマッラ族のウパヴァッタナ（という林）に赴こう」と。

「かしこまりました。尊い方よ」と、若き人アーナンダは尊師に答えた。

そこで尊師は多くの修行僧たちとともにヒラニヤヴァティー河の彼岸にあるクシナーラーのマッラ族のウパヴァッタナに赴いた。そこに赴いて、アーナンダに告げて言った。――

「さあ、アーナンダよ。わたしのために、二本並んだサーラ樹（沙羅《さら》双樹《そうじゅ》）の間に、頭を北に向けて床を用意してくれ。アーナンダよ。わたしは疲れた。横になりたい」と。

「かしこまりました」と、尊師に答えて、アーナンダはサーラの双樹の間に、頭を北に向けて床を敷いた。そこで尊師は右脇を下につけて、足の上に足を重ね、師

子座をしつらえて、正しく念《おも》い、正しくこころをとどめていた。（五・一）

なお旅を続けて、そしてクシナーラーでついに亡くなるのですが、最後のことばとしてスバッダという名の遍歴行者に言ったことが詩の文句で伝えられています。

スバッダよ。わたしは二十九歳で、何かしら善を求めて出家した。
スバッダよ。わたしは出家してから五十年余となった。
正理と法の領域のみを歩んで来た。
これ以外には〈道《みち》の人〉なるものも存在しない。（五・二七）

〈道の人〉と訳しましたが、これは沙門《しゃもん》のことです。他人がどうであるかというようなことは何も気にする必要がない。ただ自分はひたすらに真実を求めて進んできた。わがなすべきことをなす。他人がどうこうしているからといって右顧左眄《うこさべん》することはない。そういう断固たる態度がこの釈尊の答えの中に見られるようであります。もう虫の息の中でかすかにことばを発せられた。修行者ゴータマ・ブッダはこのようなはっきりした自覚をもっていたのであります。

釈尊の長い生涯の中から人間的な姿として伝えられているもの、これをとぎれとぎれではありますが、どこを取って読んでみても、いまのわれわれにひしひしと訴えるものがあります。こう思いますと、二千五百年前のゴータマ・ブッダという人が決してわれわれから離れているのではなくて、ありがたいことにはこういう書き残された聖典を通じて私どもにじかに教えてくださる。そういう気持がするのであります。

第四講　ブッダ

1　ブッダとは何か？

〈仏教〉というのは、ブッダBuddha（仏陀）の説いた教えというわけですから、まず「ブッダ」ということばの意義からお話しましょう。

ブッダとは何か。この仏教にとって最も中心的な観念にどう答えるかということは、それぞれその人の仏教理解を示すことになるでしょうし、また、それぞれの教団がそれにどう答えるかで、その教団の仏教理解を端的に示すことになるかと思います。

Buddhaというのは、budh（知る）という動詞の過去分詞の形であることは、すでに知られています。古代インドのサンスクリット語の文献を調べてみますと、budhという動詞は、経験的な事実を知ること、あるいは経験世界におけるある事実に気がつくこととされています。たとえば木の枝から葉が落ちるのに気がつく、そういうときにもbudhという言葉を使っております。

それと同時にまた、buddhaというのは目覚めた人——英語ではthe awakened oneであり、独語ではder Erwachte——という意味があります。つまりbudhという動詞は、眠りから目覚めることを意味しているのですが、われわれ凡夫は、無明《むみょう》の迷いの夢の中に眠っている、それが真理に触れてはっと目覚める。そういう人が、すなわちブッダだというのであります。

この「ブッダ」という言葉は、仏教と同じ時代に興ったジャイナ教でも使われていました。ジャイナ教――英語ではJainism――は、仏教と非常によく似た発展過程をたどっており、やはり慈悲、不殺生を説くのですが、そこでも、最高の聖者を「ブッダ」と呼んでおります。したがってそれは、覚《さと》った人、つまり真理を覚った人という意味になります。漢訳仏典では、これを「覚者」と訳していますが、まれに「知者」とも訳されており、真理を知る人、正しい覚りを開いた人を「正覚者《しょうがくしゃ》」としております。

またジャイナ教のほうで、『仙人の言葉』という本があります。「イシブハーシャーイン」というのですが、これはそれまでに聖人、賢者と見なされていた哲人たちの言葉を集めたもの、あるいはその哲人について歌った詩を集めたものです。ところでこの書の中では、いかなる宗教の人であろうとも、聖人、賢者を全部「ブッダ」と呼んでおります。ジャイナ教の祖師を「ティールタンカラ」(《S》tīrthaṅkara)と言います。「ティールタ」とは渡し場のことです。河を横切るのにどうしても渡し場で舟に乗らなければならない。その渡し場を「ティールタ」と言います。「カラ」というのは「つくる」という意味です。渡し場をつくる人、つまり人々を舟に乗せて彼岸へ連れていく人です。この「ティールタンカラ」はまた「ブッダ」と呼ばれております。

この訳例について見る限りは、漢文に訳した人は、インドの諸言語で「ブッダ」という言葉が共通性のあるものとして使われていたことを承認していたわけで、いわば合理主義的解釈をしたということが言えますが、この場合に、漢文の典籍でいう「知る」とか「覚る」とかは、インド一般の用例から離れて、むしろ哲学的、宗教的な意味となっております。

ところで、真理を覚るというのはどういうことなのでしょうか。それは、特定の宗教と関係があるのかどうか、つまり、特定の宗教によらなければ覚りは得られないのかということですが、仏教が興った時代における文献から見ると、覚りというのは、特定の宗教には関係がなかったことがわかります。

すでに古いウパニシャッド聖典において、やはり「ブッダ」という言葉が出てきますが、これはただ真理を覚ったというだけの意味であったし、『ヴェーダ』とかウパニシャッド聖典の中に出てくるバラモン教の哲人や叙事詩『マハーバーラタ』などに出てくる哲人も「ブッダ」と呼んでいます。そうすると、個別的な宗教とはかかわりなしに、聖者、覚りを得た人は「ブッダ」と呼ばれていたことになります。こういう用例は、初期の仏教でも見られます。パーリ語の『スッタニパータ』には「ブッダ」が複数で出てきますが、それはまだ過去・未来の仏のことは考えていなかった時代なので、真理をひたすらに求めて修行している人、実践している人たちを複数でそう呼んだのです。

時代の経過とともに、ブッダがますます讃嘆されます。

ブッダの勝利は敗れることがない。この世において何人《なんぴと》も、かれの勝利には達し得ない。ブッダの境地はひろくて涯《はて》しがない。足跡をもたないかれを、いかなる道によって誘《いざな》い得るであろうか？
誘《いざ》なうために網のようにからみつき執著《しゅうじゃく》をなす妄執は、かれにはどこにも存在しない。ブッダの境地は、ひろくて涯しがない。足跡をもたないかれを、いかなる道によって誘い得るであろうか？
（文庫本『ブッダの真理のことば』一四・一七九―八〇）

初期の仏教では仏像をつくりませんでしたが、その思想的根拠はこういうところにあるのではないでしょうか。

　真の修行者は、すっかり解脱していて、その足跡は、飛ぶ鳥の足跡のように凡人には知ることはできない、という思想は、同じ書の第七章第九二―九三詩にも述べられています。空飛ぶ鳥が跡を残さぬということは、そののち大乗仏教を通じて、わが国の道元に至るまで根強い伝統となっています。

　その後、釈尊への尊崇の念がますます発展して、釈尊は普通の人間とは違った人であると考えるようになります。仏典の古いところを見ると、詩の文句では、ある場合に、釈尊が衣を受け取って身につけられたところが、体が金色に輝いた、光を受けて金色に輝いたとなっていますが、それを散文で注釈するようになりますと、釈尊の体は金色であったというようになってしまいます。だんだん神格化されていくのです。

　仏さまは、人間ではあったけれども、しかし人間を超えたすぐれた徳のある方だったというように語り継がれてきたのでしょうが、教団が発展して教学体系が成立すると、仏を体系化せざるを得なくなるのです。そこで、仏陀は特別な性質が十八あるという。これを「十八不共仏法《じゅうはちふぐうぶっぽう》」と言いますが、それは十八の、他と共通でない仏の特質があるという意味です。

　まず仏さまには十力(十のすぐれた精神的な見通しをする力)があるとします。それから

「四無畏《しむい》」といって、仏さまはいかなる人々の間にあって法を説かれても、おずおずとおそれることがない。それを四つに分けて説くのですが、観音様のことを「施無《せむ》畏《い》」とか「施無畏者」というのは、不安におののいている人々に、いかなるものもおそれることはないという安心感を与える人という意味であって、仏さまの徳の一つとなっております。

それから、「三念住《さんねんじゅう》」というのは三種の平静な心に安住することで、第一は、衆生《しゅじょう》が仏を信ずることがあっても、仏は喜びの心を生じないで正念正智《しょうねんしょうち》に安住する。第二に、衆生が仏を信じなくても、仏は憂悩を生じないで正念正智に安住する。第三に、ある人々は信じ、ある人々は信じなくても、仏はそのために喜びやうれいを生じないで正念正智に安住する。つまり毀誉《きよ》褒貶《ほうへん》にとらわれない気持です。そういう気持で仏は教えを説かれる。

十力と四無畏と三念住で十七になり、最後が大悲で、これは仏さまのもっておられる絶対の慈悲心であります。慈悲心というものは、多かれ少なかれみな人々のうちに備わっているものですが、人間の場合には、完全にそれを発揮することは困難です。けれども、仏の慈悲は絶対で、しかも限られることがない。だから大という字をつけて、特に区別するわけです。「悲」というのは、「あわれみ」という意味で、大慈悲というものが、仏さまの本質的なものとして、後々強調されるようになるのです。『観《かん》無量寿経《むりょうじゅきょう》』にも出ているように、「仏心とは大慈悲これなり」とあって、仏といえばだれでも慈悲の姿を考えるようになったのです。

以上の精神的な特徴のほかに、仏は人にして人にあらずでありますから、仏の体もどこか人間と違ったところがあるに違いないということで、「三十二相」の説、三十二のすぐれた特質をかぞえ上げました。なおまた小さなものを八十かぞえて、「八十《はちじっ》種好《しゅごう》」という。仏の姿は三十二相・八十種好を備えているとされるわけですが、そこから俗語に、「あの人は相好《そうごう》がいい」とか、「相好をくずして」とか言ったりするのは、あまりつっけんどんな顔のときには用いない表現で、仏の姿を連想するようなときに用います。

この「三十二相」ということは初めのうちは聖典の中に説いてあっても、まだ形には表わしていませんでした。というのは古い時代には、仏像というものがなかったからです。古い時代には、仏をシンボル(象徴)で表わしていました。たとえば菩提樹は、そのもとで釈尊が覚りを開いたというので、菩提樹があれば、ここに覚りを開いた釈尊がましますということをシンボライズしている。

あるいは、石の壇をつくって、そこに二つ足跡を刻む。それが仏足で、姿はあらわさないけれども、足跡をあらわすことによって、ここに仏がましますということを示す。これは古くからインドにある習俗で、ジャイナ教のほうの祖師の場合にも、ヴィシュヌの神様の場合にも足跡を尊びますが、その習俗を受けているのです。「法輪」も、ここで法を説かれた釈尊がましましたということを示すものです。

ところが、ある時期以後、おそらく西暦紀元後と考えられますが、急に仏像がつくられるようになりました。仏像がつくられる以前は、人間よりちょっとすぐれた霊的存在としてのヤクシャの像をつくっていました。ヤクシャは漢字で「夜叉《やしゃ》」としてありますが、もとはまことに優美な像でした。古い時代には、ブッダもまたヤクシャの一つと見られていましたが、後なって、ブッダのほうはずっと高く上のほうへ置かれ、下のほうに残ったヤクシャのうちのあるものは、害をなすこわい鬼のような存在と見られるようになり、それが中国に伝えられて「夜叉」となったわけですが、そこでもシナ人は「夜」という字を使ってこわい印象を与えたのです。そして日本へ入って、『金色夜叉』のうらめしやというところまできたわけです。そのヤクシャが発展して、ヒンドゥーの神々の像がつくられ、それからまた仏像や菩薩像がつくられるようになったと思われます。

これは、あとで述べますように、西暦紀元後、マトゥラーとガンダーラを中心として始まったのですが、ここに、理想的な人間の姿、つまり仏の姿をあらわそうとしたのです。ただし、三十二相全部はあらわしておりません。彫刻家が、自分の好きなように適当に取捨している。なるべく三十二相の規定に合うようにはしていますが、場合によっては省いていることもあります。

その仏の三十二相というのは、皮膚が柔軟であって、塵《ちり》が体にくっついても汚すことがない、まるで蓮《はす》の葉についた水滴のようにたれて落ちてしまうようであるとか、崇高なまっすぐな姿をしているとか、声が美しいとか、目が紺青であるとか、そういうように三十二の相をかぞえるのですが、インドでは伝統的に八を尊び、それから十六を尊ぶ。その倍数が三十二で、安定を示すめでたいいい数だとされていたのです。

こういうように、人間のあこがれの幾つかを仏像にあらわそうとしたわけですが、これはどこまでもわれわれの視覚に訴える領域において具現されたものです。だから、仏そのものではないということを、哲学者はしきりに強調しました。そのことを特に強調したのは般若経典《はんにゃきょうてん》とナーガールジュナ(竜樹)の中観派《ちゅうがんは》であります。

『般若経』では、身体の相をもって仏自身を見てはならない、あらゆる相はみな虚《きょ》妄《もう》であり偽りである、もろもろの相は相にあらずと見るならば、すなわち如来を見る、といっています。

ナーガールジュナはそれを受けて、仏の姿というものが仏なのではない、縁起《えんぎ》のことわり、すべてのものが相依って存立しているというこの真理、それを見るならば、すなわち仏を見る、仏とこの世界とは何らの区別なし、と言いました。奥深い仏の真実義というものは、いわゆる仏像などで示されるような形を超えた奥にある、この世界がそのまま仏の姿である、と主張しているのです。

それでは、「この世界」、世の中というものはどういうものなのかというと、リンスクリット語やパーリ語で「ローカ」(loka)ということばを使っているのですが、これが二通りに解釈できるのです。まず、普通の世の中というのを「ローカ」ということばで表わしますが、それは人々が集り、助け合って暮している世の中で、ここに仏の命がある。人間の持っているいろいろの営み、動き、これがみな仏の本質の展開であるということです。そこから派生する一つの論理的な結論としては、「煩悩即菩提《ぼんのうそくぼだい》、生死即涅槃《しょうじそくねはん》」ということになりますが、仏というものがわれわれを離れたところにあるのではない、われわれに即してあるということです。人間がいろいろな感情、欲望、行動を示している、そこに仏があって、それを生かすところに、仏の命が生かされるゆえんがある、という考え方です。

もう一つの解釈は、人間を離れた動植物、さらに自然環境でさえ、「世の中」、「世界」ということばで呼ばれうるということです。仏教のことばでは、生きものの世界のほうは「衆生世間《しゅじょうせけん》」といい、自然世界のほうは「器世間《きせけん》」といいますが、人間が住んでいる器《うつわ》となっている世界、自然環境のことです。しかし、そこまで含めて、これも仏だといえるかどうか、問題がないわけではありません。

そこまではっきりいい切ってしまったのが、日本天台宗であります。日本天台宗の考え方というものは日本人の間にずっと生きています。たとえば、「草木国土悉皆成仏《しっかいじょうぶつ》」といって、草木も国土もすべて救われるという考え方です。救われれば成仏する、仏になる。そうすると、あらゆるものが仏であるということになります。

ところが、自然世界は一応区別して、衆生だけに限るような見解もあるわけで、華厳宗《けごんしゅう》の立場がほぼそれに当ります。

日本では、天台宗的な解釈のほうが一般に採用されています。道元禅師は日本天台宗の影響を非常に受けており、すべてのものが移り変る、ここに仏の本質がある、

「草木叢林の無常なる、すなはち仏性なり、人物身心の無常なる、これ仏性なり、国土山河の無常なる、これ仏性なるによりてなり、――生死はすなはち仏の御命なり」

ということも『正法眼蔵』「生死」の中に述べています。

仏というものは、われわれを離れたところにあるのではない、いまわれわれが住んでいるこの国土、この環境、これは移り変るが、その移り変る中に仏がましますということです。

更に進んで、真にあるもの、実在とは何か——それは「時」であるということを道元禅師は述べます(同「有時」)。真に実在するもの、本当の仏、それは「時」である。われわれは常に時の展開のうちに生きている、ここに仏がましますのです。こう考えると、仏を追求したその論理がぎりぎりの行き着くところまで行き着いたといえるでありましょう。

ただ、人間を離れた自然環境というものをどう考えるかということになりますと、仏教家の間でも解釈が違います。自然環境のようなものでも、人間を離れてあるものではないのですから、存在の意義は違っても、やはり人間との連関において存在するものだということが考えられます。もし人間といかなる意味でも無関係なものだったら、人間にとって意味をもつということがないわけです。

そう考えると、人間の奥にある本当のブッダというものは、実は、一人一人の人であるとともに、また一人一人の人を包んで、さらにそれと連関のあるものすべてを包む、そういう根本のものであって、それはわれわれを離れたものではないということが結論として言えるかと思うのであります。

2　仏を拝む

仏を拝むときに、パーリ語で namo buddhassa といい、漢訳では「南無仏」と申します。

まず「南無」ということばですが、これは「ナム」(nam)という語根に由来いたします。これは「屈する」という意味です。それからつくられました「ナマス」(namas)ということばがありまして、これが最初につきますと、屈する、頭をたれる、つまり敬礼、敬礼し奉るという意味です。

私ども日本人は、人に会いますとお互いにおじぎをします。これは日本人独特の礼儀でありまして、もとは中国にもあり、朝鮮にもあったはずですが、しかし、日本人が最もよくおじぎの礼を保存しております。

東洋人ばかりではありません。西洋人でも、たとえば音楽家が演奏への拍手にこたえるとき、あるいは劇団の人々がお客さまに挨拶をするときには、舞台の上からおじぎをすることがあります。だから西洋にだってあるのです。つまり人類にあまねく認められる現象ですが、特に日本人が礼を重んずるために、おじぎをするという習俗を今日まで保存してるわけです。

世間の卑俗な表現で、「叩頭百拝《こうとうひゃっぱい》する」と申します。あれも中国に由来するのです。それが英語に入りまして「カウタウ」(cowtow)と申します。これは英語で動詞に使われておりますが、つまりもとはシナにあった習俗ですが、それを西洋人が英語の中に取り入れまして、多少ゆがめた意味で使っております。

私どもはおじぎのほかに合掌《がっしょう》することもあります。ことに合掌するのは多くの場合仏さまに対して、あるいは仏さまに仕えているお寺の住職に対して、あるいは仏法に関する事柄に関して合掌することが多いようです。これはインドに由来する礼儀でありまして、インドでは今日なお合掌、礼拝の礼儀が人々の間で行なわれております。一般の人々の日常の礼儀としてするのです。たとえばウダイギルという昔の霊場の遺跡を私が歩いておりますと、向うから子供がやってきます。そして私に向って、合掌して「ナマステー」と言うのです。「テー」というのは「あなたに」という意味です。フランス語で「トゥ」、ドイツ語では「ドゥ」、みな語源的に同じなのです。「ナマステー」というのは「あなたに敬礼いたします」という意味なのです。お互いに会うと「ナマステー」と言う。

日本では日常の挨拶のことばがいろいろあります。ことに日本は時候の変化に富んだ、天候の変りやすい国ですから、その状況に合わせて挨拶します。「おはようございます」、「こんにちは」、「こんばんは」、「いいお天気ですね」、「お寒うございます」。その状況に応じて、ことに時候の挨拶が非常に多いわけです。初対面の場合でも、親しい人に会ったときでも、挨拶のことばのうちに時候が含まれる。

ところが、インドでは朝、人に会ったときも「ナマステー」、昼会ったときも「ナマステー」、夕方会ったときも「ナマステー」なのです。と申しますのは、インドは年がら年じゅう暑いから、あまり時候の変化ということを感じないわけです。日本みたいに、朝は冷え冷えしたけれども昼間は暑い、また夕方冷えてくる、そういう微妙な差異がないわけです。

そういうところですから、会ったときも、時候の微妙なニュアンスの差などということは問題にしないで、「ナマステー」。また、「ナマスカール」という言い方もあります。サンスクリット語ですと「ナマスカール」ですが、いまのインドのヒンディー語とかベンガル語になりますと、「ス」が「シ」みたいに聞えます。ことに尊敬の意をこめて言うときには「ナマシカール」ということをよく申します。「カール」というのは「なす」という意味です。だからあなたに敬礼いたしますという意味です。

もちろん神さまを拝むときは合掌敬礼いたします。ことに神さまを本当に心から拝むときには五体投地の礼をいたします。両手と両足と額を地につけるのです。これは仏教徒も、ヒンドゥー教徒もいたします。

それから「帰命頂礼《きみょうちょうらい》」という礼があります。「帰命」というのは「ナマス」です。頂礼、頂をもって礼する、本当に相手の方の足を頭に頂いて拝む。今日では外で会ったときにそのとおりのことができませんから、略儀の敬礼がなされるのです。その場合には、相手の方の足にちょっと手を触れまして、あるいは触れるまねをして、そして次にその手を自分の額の前までもってくるのです。これはあなたさまの御足を私の頭に頂きますという趣意です。それで「帰命頂礼」と言うのです。これは現実にインド人の間で行なわれております。たとえば自分の尊敬する先生に会ったときに、後輩の人はそのようにします。

神さまに対しても合掌敬礼する、もちろん仏さまに対してもそうする、人々に対してもそうする。というのは、彼らに言わせますと、独特の哲学をもっているのです。バラモン教からヒンドゥー教に至る哲学では、人間の奥に「本来の自己」がある、これは尊いものである。現実に生きている人間はいろいろだけれども、内にある本来の自己、アートマン、これは尊いものであり、絶対のものである。だからそれに合掌敬礼するのだというのです。それが仏教に受け継がれているわけです。仏教の立場も、最初はインド一般の習俗を受けていただけでしょうけれども、それが理論づけされますと、「一切衆生悉有仏性《いっさいしゅじょうしつうぶっしょう》」でしょう。いかなる人でも内に仏性、仏となりうる可能性をもっている、だからいかなる人も尊い、それで拝むわけです。『法華経』の常不《じょうふ》軽菩薩《ぎょうぼさつ》の物語もまさにその考えに由来するものです。

その「ナマステー」とか「ナマシカール」の「ナマス」を訳しにくいものだから、漢字をあてまして、「南無」としたわけです。仏さまに対して拝む、さらに「仏法僧」(三宝)のうちの法と僧とに対しても敬礼するということから、「南無帰依仏」、「南無帰依法」、「南無帰依僧」というような表現ができ上がったわけです。

次に、「南無仏」の「仏」というのは、どういう意味であるか、仏《ほとけ》さまとは何かということで、仏教の歴史では大ぜいの先達《せんだつ》によっていろいろ論議されているわけですが、「仏」というのはブッダの音を写したわけです。

「仏」に二重の意味があることは先に述べましたが、ブッダという言葉をいまの我々日本人がどうあらわしたらいいか、ということを考えてみましょう。私個人は、歴史的人物としてのブッダ、つまり釈尊、あるいは哲学的思索の対象としてのブッダを意味するときには仮名で「ブッダ」と書くことにしています。他方、宗教的に仏《ほとけ》さまを拝むときは昔からの「仏」という字を使ったほうが感じが出ますので、昔からの「仏」という字を使う、そのように区別しております。何もはっきりした境界線があるわけではありませんが。

『スッタニパータ』では、「ブッダ」というのはただ聖人、修行者のことです。つまりどの宗教の人についてでも適用されています。インド人は個人よりも、法、ダルマの優越性を強調します。その結果として最上の人格者といえども、普遍的な理、道理、ダルマを実現した一つの個別的な事例にすぎないということになります。そのダルマを覚り、ダルマを説く人がブッダである。こういう考え方による限り、ブッダというのは固有名詞ではなくて普通名詞であります。仏教の開祖である釈尊は、たまたまその一人であるにすぎない。現実の歴史の問題としては、仏教は釈尊から始まります。つまりゴータマ・シッダールタという一人の歴史的人物によって開かれたものですが、それにもかかわらず、理論的にはそれ以前に何人もブッダがあったはずであるということになります。

こういう考え方に基きまして、きわめて古い時代から、釈尊を含めて過去七仏が立てられました。つまり釈尊が世に出る前にすでに六人のブッダがあった、釈尊は第七番目であるというのです。次いで過去二十四仏が考えられるようになりました。過去七仏はもう彫刻に出ております。つまり人間の形をした過去七仏が、たとえばエッローラの第十二窟《くつ》に彫刻されております。それからそのシンボルとしては、すでにバールフットにも表現されております。続いて過去二十四仏があった。釈尊はその第二十四番目のブッダである、と考えられました。

大乗仏教になりますと、時間的には過去、現在、未来にわたり、空間的には十方にわたって無数のブッダがましますと考えるようになります。十方と申しますのは、東西南北で四つ、その中間の方角、東北とか東南が四つ、四方四維で八つになります。上下を含めて十方になります。十方にわたって無数のブッダがまします。だんだん広がっていきます。

ただ多数のブッダの存在を考えるだけでは不充分で、それらの多数のブッダの根底に、なにか特別の根本的なブッダがいるのではないか、ということを考えるようになりました。

『法華経』によりますと、釈尊の成道《じょうどう》というのは、ブッダガヤーで初めて実現したことではありません。ブッダガヤーで釈尊は覚りを開いたということになっていますが、それだけに限りません。実はブッダは永遠の昔に成就している方である。「久遠《くおん》実成《じつじょう》」ということが『法華経』で説かれるようになりました。ブッダは永遠の昔に真実のものとして完成成就しておられるのだが、悩める衆生を救うために繰り返しこの世に姿を現してこられる。『法華経』でそのように説かれまして、それ以後、仏教一般に広がったのであります。

そこまで来る途中で二十四仏の段階があるということを申しましたが、ジャイナ教でも二十四人の祖師ということを説くのです。ジャイナ教を実際に説いたのはマハーヴィーラという人ですが、それ以前に二十三人の祖師がいた。マハーヴィーラは第二十四番目である。そういうことをジャイナ教でも説いております。こういう点は非常に似ているのです。

つまり、仏教も、ジャイナ教も、ともに歴史的人物を開祖とあおぎながら、しかも、開祖を超えたものを認めようとした。釈尊自身の立場というものを考えてみますと、釈尊自身は、真理、法（ダルマ）を遵奉《じゅんぽう》し、実践する、そういう立場に立っておりました。だから最後の説法で、自分はやがて亡くなるが、ダルマは不滅であるから、自分の亡きあとには法にたよれと遺言するわけです。

第三講でも引用しましたが、釈尊の説法のなかには、次のようなことばがあります。

……「わたくしは修行僧のなかまを導くであろう」とか、あるいは「修行僧のなかまはわたくしに頼っている」とこのように思う者こそ、修行僧のつどいに関して何ごとかを語るであろう。しかし向上につとめた人は「わたくしは修行僧のなかまを導くであろう」とか、あるいは「修行僧のなかまはわたくしに頼っている」とか思うことがない。向上につとめた人は修行僧のつどいに関して何を語るであろうか。

（文庫本『ブッダ最後の旅』二・二五）

この言葉から見ますと、釈尊は自分が教団の指導者であるということをみずから否定しています。そして、言います、――たよるべきものは銘々の自己であり、普遍的な法である、と。それによって個人は絶対のものに対面するわけです。この、「自分が教団の指導者ではないのだ」という自覚は、年代がずっと飛びますけれども、日本にも聖徳太子の十七条憲法の言葉の中に、「相ともに凡夫なるのみ」という形で現れています。

さらに時代は下って、親鸞上人《しんらんしょうにん》の言葉にも「親鸞は弟子一人もたず候ふ」（『歎異抄』）

とありまして、何も自分が指導者であるという、そういう思い上がった心はもっていません。しかし、それにもかかわらず絶対の真理、仏法にたより、仏法を明らかにしているというところから、絶大の自信がわき出てくるわけです。

こういう思想においては、覚者あるいは開祖は、いかに神格化して崇拝されていようとも、もともと人間なのです。したがって、またわれわれ凡夫は、修行を完成さえすれば覚者あるいは開祖となることができる。われわれは究極の根底においては絶対者と同一である。この点は浄土教《じょうどきょう》の場合でも異なるところがありません。

浄土教の教えがよく西洋の宗教と似ているという比較研究がなされます。確かにそうでしょう。けれども根本的に違う点がある。生死罪悪の凡夫が阿弥陀《あみだ》さまに救っていただく、その救われた衆生は仏さまと同じ資格の仏にしていただく、だから成仏するわけです。

仏教が一つの宗教として発展して、既成宗教となって大きくなりますと、ブッダは凡人からは遠く隔たったものとなりました。修行者一般とも区別された超人的存在と見なされてきました。こういう推移は聖典自体のうちに見出されます。

けれども仏さまはもともと人間である、覚った人である、この性格は失われることがありません。原始仏典の中で、すでにブッダに対する信、信仰が説かれています。ブッダは覚者、真理を覚った人であります。普通名詞なのです。だからブッダを信ずるということは、覚った人を覚った人としてあらしめている法を信ずることになる。それは、何も特定の一個人のみに対する帰依随順を意味していたのではありません。だからこそ釈尊は亡くなるときに、「何も嘆き悲しむな、自分が亡きあとには法にたよれ」ということを言ったのです。

この観念が砂漠を超えてシナに導き入れられました。シナの文化的伝統のうちには、それに対応する観念をなかなか見出しにくい。そこでシナ人は「佛」という漢字をつくり出して「ブッダ」という言葉の音を写したのです。

「ブッダ」という言葉は、もとは「ピューアット」という発音だったそうです。こんなむずかしい発音ができたかどうか疑問ですけれども、これは藤堂明保さんの『漢字語源辞典』にある説であります。スウェーデンの音韻学者のカールグレンも似たような推定をしております。こんなむずかしい発音ができたかどうか問題ですが、いろんな資料から学者が類推して、もとの発音を理論的に構成するとこういうむずかしいことになるのです。

けれども、そんなにむずかしい発音ではなくて、もっと簡単な「but(ブット)」くらいではなかったかという推定もあります。これは宇井伯寿先生の『大乗仏典の研究』の八二〇ページ以下に出ております。「ブッ」と碑文に出てくる、それが仏さまの「佛《ぶつ》」を意味していたらしいということです。カローシュティー文字で書かれた碑文の中に証拠があるのです。私が、それを見つけたものですから、先生に申しましたら、私から聞いたと言ってご本の中に書いてくださいまして、弟子として恐縮に思っております。

そこで、butという音を写すのに、なぜ「佛」の字を使ったかです。発音さえ同じならどの漢字でもいいわけなのに、「佛」を使ったのはなぜか。これについては、諸橋轍次先生の説があります。

それは、「仏」の正字である「佛」の字の旁《つくり》のほうの「弗」というのは、「あらず」という意味で、漢文では否定の意味によく使います。「沸」という字は、水をわかして沸騰するときに使いますが、水が熱を加えて沸騰して蒸気になると、水でありながら水でないもの、気体になる。それで「弗」がつく。それと同じことで、釈尊ももとは人間なのですが、人間をも超えた偉いものになったということから否定を加えて、人でありながら人にあらず、と。したがって佛には二重の性格があることになります。仏教に由来する漢字を調べてみるとなかなかおもしろい。「佛」などは、明らかにある時期にシナ人がつくったものなのです。

また、「魔」という字は、もとのことばは「マーラ」(māra)ですが、これもこの語の発音を写す漢字ならどれでもいいわけです。マという発音の漢字はたくさんあるのに、シナ人はわざわざ「魔」という漢字をつくった。これは古い時代にはないもので、仏教が入ってきてからシナ人のつくった漢字です。「麻」だけでいいのに、下へ「鬼」を入れると、いかにも悪魔らしいこわい印象を与える。シナ人の知慧が働いてつくられています。「佛」という字にも確かに独得の理解の仕方がそこに見られます。

ところで、西暦四世紀以後になりますと、仏典はすべてサンスクリット語から直接漢訳されるようになります。そうすると「ブッダ」という発音をそのまま写して、「佛陀」と書くようになりました。

ところで、(1)ブッダという音を写して「佛陀」と書き、その音写が先にあって、のちにそれを略して「佛」と書くようになったのか、あるいは、(2)インドまたは中央アジアで用いられていた語を音写して「佛」と書き、のちにサンスクリットを漢字で正確に音写するようになってから「佛陀」と書くようになったのか、すなわち「ブット」という音が先にあって、それを音写して「佛」と書き、のちにサンスクリット語の影響を受けて「ブッダ」という語を知るようになってから「佛陀」と書くようになったのか、――どちらであるかということが問題となります。そのことは、中華人民共和国の学者たちの間でも論議されました。

中国でもこのごろはインド研究を相当熱心にやっております。四人組の時代にはそういうことはすべてやってはいけないと言われていたのですが、このごろは自由になりまして、ヴィヴェーカーナンダの著作とか、インドの戯曲『シャクンタラー』(文庫本『シャクンタラー姫』)などの翻訳研究も出ております。

ところで、先年、私どもの東方学院でお招きした季羨林《きせんりん》先生と討議しておりましたときに、この問題が出たのです。先生が言われますには、やはり「佛」のほうが先だったろう。「佛陀」と書くようになったのは玄奘三蔵のころになって、サンスクリット語の仏典が直接シナに入るようになってきたから、それを音写するようになって、「佛陀」と書くようになった。古くは中央アジアの言語で書かれていた仏典が入ってきておりますから、それを音写したのだ、「佛」というのはトカラ語の「ブット」という言葉の音写だ、だいたい中国の学界では今日そのような結論に向いてきているというわけです。

トカラ語(Tocharian, ドイツ語ではTocharisch)というのは、中央アジア、シルクロードを西のほうに行きまして、敦煌《とんこう》を過ぎて、やがて天山北路と天山南路に分れます。

その南のほうで行なわれていた言葉ですが、その中でもトカラ語のAとBとの二種類があります。いままでドイツ、フランスの学者がよく研究しておりましたが、このごろは、イギリスにもすぐれた学者が出てきました。そのトカラ語の研究を中国でもやっているらしいです。

トカラ語の「佛」を意味する言葉「ブツ」を音写して「佛」という言葉をつくったのだというのです。古い中国の書物には「佛」という字はほとんど出てこないのです。こういう音写を用いたということはシナ人がブッダを東アジアの伝統の中には見あたらぬ異質的なものとして受けとって、そのようなものとして人々に印象づけようとしたからでしょう。

文字の起源に関して、どちらであろうとも、とにかく仏さまはもともとは人であった。覚りを開いて人間以上のものになったということだけは間違いないことです。そしてこの伝統が仏教文化圏全体を通じて生きているわけです。われわれ日本人は、そうめんどうな仏教学上の議論をしなくても、何となく仏教的な理解、仏教的な気持はしみわたっています。亡くなった方のことを「仏《ほとけ》」と申します。

なぜでしょうか。つまり生きている間には人はいろいろ苦しみ、悩みもあるし、いろいろなことがあるでしょう。けれども亡くなってしまえば、仏さまのお慈悲に包まれて、仏さまと同じような冥福の境地に到達した。だから「仏さまと同じような人」という意味で、亡くなった人のことを「仏」と言うのです。

これは日本人だから、それがすぐピンときてたいして不思議にも思わない。これは西洋の言葉には翻訳できないことです。西洋では、たとえば亡くなった方のことを「ゴッド」と呼ぶことは絶対にありません。

ということは、総じて西アジアから西のほうの諸宗教では、神と人の間には絶対の断絶がある。ところが、仏教文化圏ではそうではない。なるほど生きている人間と仏様とはこんなに違うだろう、けれどももとは同じなのです。「衆生《しゅじょう》本来仏なり」。仏さまのお慈悲に救われれば、仏さまと同じようなものにしていただく、阿弥陀様の浄土へ生れ出た、阿弥陀様と同じような境地においていただくということを、浄土教でも説きます。隔てがない。もし隔てがあれば、その慈悲は完全なものではない。仏さまのお慈悲というものは完全な、無欠なものである、だからみな救っていただける、こういう気持が働いているのです。

西アジアからあちらのほうへかけての諸国の宗教では人を憎むということが非常に激しいですね、とことんまで憎みます。ところが日本では、なるほど生きている間は憎み合うということはあるでしょうけれども、亡くなってしまったら追及しません。徹底した憎悪というものが、日本人の中にはないとは言えないでしょうけれども、弱いですね。こういうところにまでも違いが出ている。いろいろなことが考えられるのです。価値観といいますか、正義観の違いといいますか、単に偶然のものではないのです。その根本に昔からの宗教的な受け取り方というものがあって、それに基いておのずから違いが出てくるわけです。

こういうことを思いますと、仏という観念をどういだいているかということは非常に重要なことだと思います。ブッダはどこまでも人間であります。しかも、人間を超えた者である。この理想が仏像においては典型的に具現されております。仏像は人間の姿を模していますが、普通の人間の姿にはないものがある。そこで三十二相八十種好といういろいろな特徴が仏の姿について考えられるようになりますけれども、ブッダの本質にはかかわりないわけです。人間の理想的な姿を、人々の情感に訴えるような仕方で、慈悲、柔和の姿のうちに具現しようとした。その努力はインドのマトゥラーやサールナート派の仏像には顕著であります。

インドで仏さまを拝む気持はみんなあったわけですが、初めのうちは仏像をつくるということがなかったのです。ところが、西暦紀元後になりまして、急激に仏像がつくられるようになったのです。

仏像のつくられた場所はおもなところが二つあります。一つはガンダーラです。これは今日の政治的な区分けで申しますと、パキスタン国のうちの北のほうです。その仏像はギリシア彫刻の影響を非常に受けております。

もう一つの根拠地はマトゥラーというところです。インドにいらした方はみんなデリーにあるタージ・マハールに行かれることと思います。ことにご婦人方は、ほかは省いてもいいけれども、タージ・マハールだけは見たいとおっしゃる方々が非常に多い。これは、帝王が亡くなったお妃《きさき》のために建てたお墓で、月光を受けて輝くというから、世界中のレディが見にいくんです。そしてデリーからアグラというのは決まったコースです。その途中にアグラに近いところにマトゥラーというところがあるのです。アグラから車で一時間あまりで行けるんじゃないでしょうか。デリーから日帰りもできます。

マトゥラーというのは、ヒンドゥー教の神クリシュナの信仰の霊場で、ヒンドゥイズムのほうでは大事なのですが、日本人はヒンドゥイズムにはあまり関心がないようです。

このマトゥラーというところが、仏像の製作で非常に有名なのです。優美な美しい、優雅な仏像がたくさん発掘されております。マトゥラーの博物館に行きますと、見事な傑作が並んでおります。アグラまでいらしたら、ちょっと足を伸ばしてマトゥラーの博物館をごらんになるようにお勧めします。すばらしい仏像が次々見つかっているのです。

ことにこのごろは阿弥陀さまの仏像が見つかりました。もともと阿弥陀仏の像はほとんど見つかっていないのです。けれども数年前に、阿弥陀仏像の台座がここで見つかったのです。台座にクシャーナ王朝時代の文字で碑文が書いてありました。そういうものも、ここの博物館にあります。まことにマトゥラーの仏像は優雅でしかも力強いですね。

さて、マトゥラーとガンダーラのどっちがもとかということになりますと、美術史の専門家や考古学者、仏教史家が盛んに論議しているのですが、まだ決定的な結論は得ていないわけです。私はそれについての万巻の書を全部読んでるわけではありませんが、しかし、読まなくても結論はすぐわかります。インド美術史を書いた、あるいはこの時代の仏像の起源を書いた、その著者の名前を見まして、それが西洋人だったら結論はわかっているのです。ガンダーラ美術がもとで、つまりギリシア美術に影響されて、ガンダーラに仏像がつくられて、それが諸方に移ったと書いてあります。他方、著者がインド人やセイロン人だったら、マトゥラーがもとなんだ、ここにインドの美の極致がある。ガンダーラ美術、あれは外国のギリシアとの混血児なんだと言う。だから結論は読まなくてもはっきりわかるのです。ことにこのごろはインドとパキスタンが対立していまして、よけいにプロヴィンシャリズムが強くなりました。

私は先年、お正月にパキスタンの博物館に行きまして、日本でインドの仏教美術とかインド文明に関する写真集を出すといって、そのアナウンスメントを見せたのです。その表紙に仏像が出ていて、これがマトゥラー美術の仏像なのです。そうしたらパキスタンの考古学者たちが怒りまして、なぜガンダーラ美術の名品を出してくれなかったかというのです。私にはどっちをひいきするとか、そういうことは全然ないんですけれども、たまたまマトゥラーの仏像があまりに優雅だから、それを出しただけです。パキスタンの学者は、ガンダーラびいきになっています。これに対してインドの美術史家はマトゥラーびいきになっております。どっちがもとかということ、これは現在でははっきりわからないのです。

というのは両方ほとんど同時に現れたのです。だから相互に影響があったろうと思います。たとえば、台座に銘文が書いてあって、何年何月にこれが彫られたということがわかっていると、まだ議論がしやすいのですが、ほぼ同時なのです。

それから仏像と一緒に貨幣が見つかっている。貨幣というのはかなり年代がわかります。ところが、ガンダーラとマトゥラーで見つかる貨幣がほぼ同時代のものなのです。学問的にはまだ、断定的な結論を申し上げるまでには至っておりません。

続いてサールナートの仏像ですね。ベナレスの郊外の鹿野苑——釈尊が最初に説法したところ——、あそこを「サールナート」と言います。そこで西暦紀元四世紀から七世紀ごろにわたっての、実に優雅な仏像が見つかっているのです。グプタ期と普通呼んでおりますが、その時代の王朝はグプタ王朝です。

私はアメリカ人で仏教美術の勉強をしている婦人の学者と話したことがあります。「世界中の彫刻の中であなたは何が一番好きですか」と聞かれましたので、私は「それはサールナートで見つかった、あそこの博物館にある仏像です」と申しましたら、そのアメリカ婦人が「私もそう思う」と言うのです。つまりすぐれた、優雅な、慈悲の姿をたたえている仏像というものは、民族の差を超え、宗教の違いを超えて人々にいいなと思わせるわけです。だから拝んでいるだけで人の心がなごやかになります。

昔、高橋是清という財政家がおりました。大蔵大臣にもなりましたし、首相にもなりました。そして二・二六事件で非業《ひごう》の死を遂げましたが、仏像の収集家として知られていたのです。「どうしてあなたは集めておられるのですか」と、新聞記者が聞きましたら、「わしは仏像のこまかなことは知らん、けれども仏さまのお顔を見ていると、それだけで自分の心がなごむ」と言ったそうです。

たしかにそうだと思います。言語の差を超え、民族、宗教の差を超えて、仏像には訴えるものがある。そこには人類の高い、崇高な気持が反映している、と思うのであります。

第五講　基本となる教え――法の観念

1　ゴータマ・ブッダの教えの特徴

仏教は、ゴータマ・ブッダ(釈尊)によって今から二千五百年ぐらい前に説かれたのですが、その根本の教えは何かということについては学者の間にいろいろ異説があり、また宗派によって違いがあります。釈尊の教えは非常に幅が広く、どの面を強調するかということによって宗派の違いが出てくるのです。そこで一概にこうだと言い切ることはできない。どれが仏教の中心であるのかということを論究するだけで、一つの偉大な研究になるわけです。したがって、いろいろな解釈が存在するということは認めねばなりません。現に、釈尊が覚りを開いたブッダガヤーで、何を覚られたかという内容についても、聖典の中にいろいろの説が述べられておりますので、ただこの説であると簡単にはお伝えしがたいのです。これは学問的に言って、そういうことが言えるのです。それでは、よりどころがないではないかと言われるかもしれませんが、そうではなく、釈尊の教えとして伝えられるものには、ほぼ三つの特徴が見出されるのではないかと思います。

まず第一に、仏教に関して、これでなければならぬという特殊の教義は伝えられていないということです。つまり仏教の教えとしては無我説であるとか、あるいは縁起説であるとか、その他いろいろ言われておりますが、これ一つが絶対的である、他のものは誤りである、と、そういうことは言えない。だからどれか一つのものを選んで、これを絶対の教義と見なすことはできないのです。

第二に、それではとらえどころがないかというと、そうではなく、現実の人間をあるがままに見ようとする、つまり現実に生きている人間の姿をとらえる、そのとらえ方が人によって違うから教え方も違ってくるのです。しかし、いずれにせよ、現実の人間をあるがままに見ようといたします。

そうすると、人間の生きている姿を見ますと、そこには一定の理法がある。人間というものはこういうものである、だからこうしなければならないということの見きわめがつく。これをインドの言葉では「ダルマ」(dharma)と呼びます。これはサンスクリット語で「たもつもの」という意味の「ドフリ」(dhr)という語根からつくられたことばです。めいめいの人には「たもつもの」がなければならない。まず人間として守らねばならない道筋がある、法がある。それは人間を人間として保つのです。この点については、のちほどもう少し詳しく申し上げますが、これをシナの仏教家は「法」

という字で訳しました。これはなにも法律、狭い意味の法律だけを意味するのではありません。むろん法律も含みますけれども、すべての人間をそれとして保つべきものをいうのです。

さらに人間はその人自身の資格において置かれ、そして生きているわけです。たとえば同一の人が家庭にあっては夫であり、親であり、あるいは親に対しては子であり、兄弟に対しては兄であり、弟である、そういう関係をもっていて、その関係において生きているわけです。そうすると、それぞれのつながりにおいて、生かさるべき道筋というものがあるわけです。夫は夫として守るべき道がある。妻は妻として守るべき道がある。子は子として行なうべきことがある。親は親としてやはり子に対して守るべき務《つと》めがある。このように同一人が、それぞれの資格、関係において実現すべき道筋というものがあるのです。これもやはり特殊なダルマ、法であります。

さらに広がりますと、同窓の一人として、あるいは会社の社員として、あるいは宗教教団の成員として、やはり守るべき義務、果すべき務めというものがあります。そうすると同一人がいろいろな資格において、違った面において義務を実行すべきである、務めを果すべきである、従うべき掟《おきて》がある。それがみな「ダルマ」と呼ばれるものであります。そのあらわれ方はいろいろ違いますけれども、これは永遠の理法です。

たとえば親が子に対してなすべき務めというようなものを考えてみますと、あらわれ方は時代によって違いましょうけれども、あらゆる時代を通じ、あらゆる民族を通じ、さらに宗教の違いをさえも超えて、そこには普遍的に実現さるべき要請があるわけです。

それから第三に、普遍的な理法があると申しましても、これは動かない、融通のきかないものではありません。普遍的なもの、それは現実の場面において生かさなければならない。ところが現実の場面というものは特殊なものなのです。きょう、ここにおいてわれわれがなすべきことなのです。それが十年先ということになりますと、もう事情が違ってくる。そうすると根本の理法は同じであっても、それを具現する仕方というものは時とともに異なる、また所によって異なります。人間の理法というものは具体的な生きた人間に即して展開するものであります。つまり思想的には無限の発展の可能性をもっている、これが最初に申しました特殊のドグマ(教義)を立てないということとちょうど相即するのであります。

ある教えの説き方というものは、その時の社会的情勢とか、置かれている精神的風土とか、時代的制約というものに制約されて、ちょうどそれに合うような形でなされます。その時から千年もたってしまえば、また事情が違っている。事情が違っているということを無視して、ことばの先だけを後生大事に墨守《ぼくしゅ》するということになりますと、宗教のほんとうの精神が失われることになるのです。そうではなくて、根本の理法というものは人間の発展に応じて生成し飛躍するものなのです。その相において見なければならない。でありますから宗教に発展があるのです。もしも頑固《がんこ》なドグマを立てて発展を許さないならば、宗教というものはいつの時代でも同じでなければならない。ところが現実には、たとえば仏教の歴史を見ましても、インドから発して、それが西北インドのカシュミールやパキスタンの渓谷地帯をよぎり、広漠たる中央アジアの砂漠を越えて——その間には大勢の人が死んだことでありましょう——、それからシナ大陸を通過して、そして東シナ海を越えてこの極東の日本にまで到達した。そこには偉大な発展の歴史があります。

このように現実の場面において、根本の精神の生かされ方は常に違っている。始終新たな飛躍を求めてきているのです。あとで発展したからといって、元のものから堕落したのだということはできない。むしろ新しい場面に即して生かすというところにおいて、精神が保存されているのです。

仏典の中にはおもしろい例が説かれております。筏《いかだ》の譬えです。ここに河がある。この河を渡りたい。その時に舟がなければ、木切れを集めて筏をつくる。そしてそれに乗って向うへ渡るわけです。向うへ渡った人が筏というものはありがたいものだ、私を乗せてくれた大事なものだと感謝して、その筏を今度は肩にかついで向うへずっと行ってしまった者があったとします。その人をお前たちはどう思うか、おろか者といえるであろう、と釈尊がたずねると、「さようでございます」と弟子が答えます。そのように、教えというものは人を渡す筏のようなもの、われわれを乗せて彼方の岸へ連れていってくれるようすがなのです。大きな筏でしたら大勢の人を渡すことができるし、小さな筏だったらわずかな人しか渡せません。けれど渡すという働きは同じなのです。そして彼方に到達することができたら、そこで筏の役目は終るわけです。それと同じように教えというものは、迷っているわれわれをこちらから彼方の岸へ連れていってくれるものであって、その効用を忘れて、あの筏がいい、この筏は絶対に間違っているといって排斥し合うことがあれば、それはおろか者だというのです。

これは現在の世の中においても認められることです。たとえばここに先生がいまして、教え子を導くという場合、その導き方というものはみな違っています。ある学生に向っては「もっと勉強せにゃいかんぞ、こんなことじゃ落第するぞ」と言って励ます。それから他の学生に向っては「まあ、あまり勉強するな、そう心配せんでもいいよ」と言うこともあるわけです。これは明らかに矛盾しています。けれど勉強しろと言うのは、その言われる学生が怠けてばかりいる、勉強すればもっとできるのだけれど勉強しない。だからこういう学生には、きびしくやらなければいかんというので、やるわけですね。ところがもう一方の学生はどうかというと、非常に内気で、もう試験の成績ばかりくよくよ気にしている。そんなことでは神経衰弱になるかもしれない。心機一転して愉快にさせてやる必要がある。そこで「まあ、あんまり成績のほうは心配するな、のんびり構えろ」、そう言って指導してやるわけです。説いていることは明らかに矛盾しています。けれども心に思っていることは同じなのです。学生を導いてよき世界へ連れていってやろうという目的は同じなのです。

あるいはお医者さんの例をとってみますと、同一の医者が患者に応じて違った薬を盛るということがある。時には反対の薬を盛ることさえもあるでしょう。たとえば眠れないという患者に対しては、睡眠薬を盛ることもあります。ところが、反対にどうも元気がないとかいうような患者に対しては、強壮剤のような、元気をつける薬を盛ることがある。薬自体は相互に矛盾しています。ではその医者の行なっている行為は矛盾しているかというと、そうではない。どちらも患者のためを思って、そして健全な状態へ連れていきたい、健康を取り戻してやりたいというのが目標なのです。

それと同じで釈尊の説かれた教えにはいろいろあります。けれどもあてがい方が違うわけです。仏典を見ますと、いろいろの教えが説かれている。ちょっと見ると矛盾することがあるようですけれども、目ざすところは変らないのです。さらにこの立場で見ますと、いろいろ違った宗教の間に教理の相違というものがあります。それも一定の歴史的・社会的、あるいは風土的な制約に基いて、それに対応して出てきたものですから、その特殊性を考えるならば目ざすところは変らないということが言えます。

では、その目ざすところは何か。現実にわれわれが生きている、置かれている環境は人によってみな違います。けれどもすべての人に通ずる「ダルマ」というものがあるならば、根本の精神というものは一貫したものでなければならない。その根本の精神をいかにとらえるか、そのとらえ方に応じて、また宗教の違いが出てくるし、説き方も違ってくるわけです。

だからあらゆるものは移り行くという認識に基いて、現実に即した柔軟性に富んだ実践原理が成立するのです。

古いものを喜んではならない。また新しいものに魅惑されてはならない。滅びゆくものを悲しんではならない。牽引《けんいん》する者（妄執）にとらわれてはならない。

（文庫本『ブッダのことば』九四四）

人生の指針として、こんなすばらしいことばがまたとあるでしょうか！

総じて人間の習性でしょうが、年老いた者は昔を懐しみ、昔あったものを何でも良いものだと思う。他方若い人は何でも新奇なものにひきつけられ、古いものを破壊しようとする。この二つの傾向は互いに矛盾し抗争する。これは、いつの時代でも同じことです。最初期の仏教における右の詩句は、明言しているわけではありませんが、恐らくこういうことに言及しているのでしょう。

しかしどちらの傾向もかたよっていて、一面的であると言わねばなりません。もしも昔のもの、古いものをことごとく是認するならば、進歩や発展はありえないでしょう。また、新しいというだけで飛びついてはなりません。もしもすべて過去のものを否認するならば、人間の文化そのものが成り立ちえないでしょう。文明は過去からの人間の努力の蓄積の上に成立するからです。

さらに人間はどうかすると、人間の根底にひそむ、眼に見えぬ、どす黒いものに動かされて、衝動的に行動することがあります。だが、それは、進路をあやまり、破滅のもととなるから、「牽引する者（妄執）に、とらわれてはならない」のです。

では、過去に対して、「どちらでもない中道をとるのだ」といって、両者の中間をとるならば、それは単に両者を合して稀薄にしただけにすぎないのであって、力のないものになってしまいます。

転換期に当って、ある点に関して古いものを残すか、あるいはそれを廃止して新しいものを採用するか、という決断に迫られるのですが、その際には、その決断は一定の原理に従ってなされねばなりません。その原理は人間のためをはかり、人間を高貴ならしめるものでなければなりません。それを仏典では、サンスクリット語で「アルタ」(artha)と呼び、漢訳では「義」とか「利」とか訳していますが、日本語でいえば「ため」とでも言いうるでしょう。それは「ひとのため」であり、それが同時に高い意味で「わがため」になるのです。それは人間に最高目的を達成せしめるものでなければなりません。

それは人間のよりどころであり、人間を人間のあるべき姿にたもつものであるという意味で、原始仏教ではそれを「ダルマ」(法)と呼びました。仏はその「ダルマ」を見た人であり、仏教はそのダルマを明らかにするものです。そのダルマは、民族や時代の差を超え、さらに諸宗教の区別をも超えて、実現さるべきものなのです。

最初期の仏教の立場は、『スッタニパータ』によく出ていると思いますが、ほかにいろいろな宗教だの道だのが当時あったが、それに対立するものを説こうとはしなか

ったのです。対立すると、同じ次元に落ちてしまうわけです。そこで、

世間の哲人たちは、自分の道を固く保って論じている。ほかの人の説を、あれは愚かである、不浄の法である、きよらかでない、けがれた法であると、お互いにいい合っている。そのために、論争をして争うようなことになってしまう。ところが、その争う立場を超えたならば、世の中で確執《かくしつ》を起こすことがない。

（同、八七八—九四、取意）

と言っております。

さて、ゴータマ・ブッダはどのような立場にいたかといえば、人間の知慧をもってしては解決することのできない形而上学的な論議には、一切加わろうとしなかったのです。たとえば、この宇宙は有限であるか無限であるか、そういう問いを向けられたときに、釈尊は答えることをしなかった。現代の天文学者もこの広漠たる宇宙について途方もない数字を扱いながら、宇宙は有限であるか、無限であるか、それがあるとき消えてしまうものか、あるいはいつまでも続くものか、ということを論議していま

すが、まだ解決が得られない。当時の哲人でさえ同じことを論議していたのですが、どうせ解決を得られないうちにわれわれは死んでしまうなら、これは無意味であるというので、人知をもっては解決できないような事柄には触れない。それよりもまず、自分が現在この場所でどのように生きるべきであるかが大事である。そういう立場から、生きる道を追究したのが、釈尊の道であります。

これは、だれにでも適用できることですが、人間であれば必ずそのようにしなければならないという法(ダルマ)があるはずで、釈尊の立場はこれを明らかにすることであったのです。だから、釈尊は、自分で一つの小さな宗教を開いて、自分のところへ来た者だけは救われるが、そうでない者は救われない、などということは言わなかった。真理を覚った人はみなブッダである、という立場だったのです。かりに他の宗教の人でも、真実の道を覚って実践した人はみな「ブッダ」と呼ばれていいわけです。なぜなら賢者であるからです。釈尊はバラモンたちに向っては真実のバラモンとなる道を説かれ、ジャイナ教のような他のいろいろな宗教がありますが、その人々に対しては、真実の修行者となる道を説かれた。個別的な教団の区別などは超越してしまうのです。

その立場からすれば、仏教に発達があり、発展があるということも、説明がつくことになります。つまり、人間の住む環境はしじゅう変っていくから、それに応じて、具体的にどう生きるかということは、根本は同じでも時節とともに変っていくのが自然だからです。このように、仏教の説く法には柔軟性があることを知らなければならないのです。

そこで、最初のうちは、ごくわずかの仏典が口づてで師から弟子へと伝えられ、皆が唱えていたのですが、後に、つくられたものがだんだんにふえて、今日大蔵経の中には一万三千巻以上のものが入っています。そうすると、多くのものは後代の人がつくった偽作ではないかということになりますが、それに対する答えがすでに仏典の中に用意されています。

それはこうです。隣の村に倉があったとしよう。そこへ行って誰かが、こっちには食糧がないからというので、倉をあけてお米を袋の中へ入れて、それをかついで帰ってきたとしよう。それを見た誰かが、「おまえさんどこから来たのだ、米をかついでいるが、これはどこから持ってきたのだ」と聞いたときに、「私は隣村のどこそこの倉にある米をここへ持ってきました」と答えたとすれば、その人は真実を答えていることになります(パーリ原典協会本『アングッタラ・ニカーヤ』第四巻一六三ページ以下)。

それと同様に、釈尊の説いたことは全部真実である、すべてよく説かれたことである、ということから、今度はその逆に、すべて正しく説かれたことはみな釈尊の言葉である、というようになっていきました。そこで後代の仏教者は、自分の体験に即して一つの霊感を受け、それを人に語るときに、自分のことばは、すべて自分のうしろにいる仏さまがおっしゃっていることなのだと思うようになり、こうして大乗経典がどんどんつくられていきました。真理を述べていること、それが仏典であるという立場に立っていたのであります。

こうなると、釈尊の生涯がいかなるものであったかということよりも、永遠の真理を具現しているものがブッダであるということを考えるようになる。これは、インド人の伝統的な思惟方法に基くのであって、浮世《うきよ》のことにあまりかかずらわない。インドの古典は大部分が宗教か哲学か詩であって、具体的な個々の人間の行ないは、あまり書いていません。インドの王朝の歴史などもサンスクリット語やパーリ語で書かれたものが残っていますから、その部分を集めると、大体のところはたどれるのですが、「このはかない浮世で、王様と称する権力者が現れ出て、欲望を遂げて、また消えていく、うたかたのように現れては消えていく。その期間が一年や二年多かろうと少なかろうと、どっちでもいいじゃないか」というのがインド人の考え方ですから、歴史の記述はまちまちです。彼らは永遠を見つめているので、あまり歴史の推移にこだわりません。そのかわり、宗教のことに関しては非常に厳格です。

たとえば、ヴェーダ聖典に関する祭の仕方を規定した書物がありますが、ちょっとお祭のやり方を間違えると贖罪《しょくざい》の儀式をしなければいけないことになっています。その罪滅ぼしの儀式というのがまた事細かに書かれている。そういう考え方が仏教に受け継がれて、やってはいけないこととやってもいいことが、場合ごとに細かに規定され、戒律の書物となっております。こういうことにはひどく神経鋭敏なのですが、この世における権力者の権力闘争の跡など、どうでもいいというのがインド人の考え方でしたから、インドにはしっかりした歴史の本が残っていないのです。

ところが、実際にゴータマ・ブッダという歴史的人物がいたということは否定できないのですから、その立場はどういうものであったかということを、わりあい歴史意識を持っている民族である日本人としては、どうしても知りたくなるのであります。

釈尊自身は、ダルマを遵奉することを説いています。ダルマというのは、漢訳仏典では「法」と訳しますが、まれに「道」と訳すこともあります。人間の生きるべきよすがであり、道であるダルマを遵奉し、実践するという立場に立っていました。

釈尊の臨終の説法というものがパーリ語の聖典『マハーパリニッバーナ・スッタン

タ』(漢訳では『大般涅槃経』)に出てくることはすでにお話ししましたが、そこでの釈尊の姿は、非常に人間的です。そこには神話的な要素もありますが、歴史性が多分に見られるのです。

わが国では、その経典は明治以前にはあまり読まれなかったのですが、そのかわり『遺教経《ゆいきょうぎょう》』が読まれ、たとえば禅宗などではお通夜のときにその『遺教経』を全部唱えるならわしになっています。

この『遺教経』という典籍は、釈尊の臨終について説いたいろいろな経典があったのを集めてきて、シナ人にうまく合うように編さんされたものらしく、大体中身は、インドの経典の漢訳の中から大事な教えだけをまとめたもので、そのために、シナ人の手が加わっているかと思います。

その一例は、人間は間違ったことをしてはいけない、あまり欲望にとらわれたようなことをすると「禽獣《きんじゅう》に等し」ということばがあるのですが、これはどうしてもシナ的な表現で、インドではそういうことを言わない。インド人の考え方では、人間とけだもの区別がないのです。たとえば鹿がやってくる、鹿に向って餌をやれば、鹿は喜んでなついてくる。反対に、杖をもっておどかせば鹿は逃げていく。人間だって同じではないかというわけです。そういう説き方が、インド人の場合には顕著なのですが、漢民族では、いやしい行為は禽獣のごとしという。これは、儒教の本家本元の国ですから、そういう表現が逆の表現として成立するわけで、『遺教経』にそのことばがあるのは、きっとシナ人によってつけ加えられたものだろうと思われます。

そういうことはありますが、大体、日本で唱えられている『遺教経』の中身は、釈尊の説法をほぼ具現しているものだと考えていいと思います。

パーリ文の元の典籍について見ると、釈尊は臨終にこう説いたとあります。すなわち「自分はやがて亡くなるが、法は不滅であるから、自分の亡き後は法にたよれ」と。ヴェーサーリーという商業都市を過ぎてから、愛弟子のアーナンダが釈尊に最後の説法を懇請するところですが、釈尊が説いたそのことばは、まことに胸に迫るものがあります。すでに第三講で御紹介しましたが、

アーナンダよ、修行僧たちはわたくしに何を期待するのであるか？　わたくしは内外の隔てなしに(ことごとく)理法を説いた。全き人の教えには、何ものかを弟子に隠すような教師の握拳《にぎりこぶし》は存在しない。(文庫本『ブッダ最後の旅』二・二五)

つまり、世のすぐれた教師というものは、秘伝と称して、一部の人にだけしか伝え

ない、隠しておく。これが「教師の握りこぶし」ということですが、釈尊は、自分には教師の握りこぶしはない、すべて説いた、自分の教えは、太陽や月のごとくにあまねく照らす、というのです。ここにも釈尊の一つの立場が見られるのであります。

深い哲学的思索というものはそれ以前のウパニシャッドでも述べられたことがあります。けれどもウパニシャッドの哲学というものは、自分の長男または信頼すべき弟子にのみ伝えよといって、一般の人には伝えられなかった。ところが釈尊は、すべての人に伝えるという立場をとった。ここで、ウパニシャッドの秘教的性格から、仏教の公開的な教えに転換したということになります。

無論、仏教がいつもそういう立場をとっていたとはいえません。たとえば鎌倉時代の仏教の因明《いんみょう》(論理学)の写本などを見ると、それは先生から弟子に伝えられたもので、ちゃんと張り紙がしてある。「増して二本となすなかれ」。つまり、コピーをつくって二つにしてはいけない、自分の信頼できる弟子にのみ伝えよというわけで、これは中世の秘教的な性格を示していることになります。しかし大きく見ると、仏教の立場は、大空にあって照らす日月のごとくすべての人を照らすものです。太陽は人を選ぶことがない。えらい人だからと余分に日光を与えるとか、これは日陰者だから少ししか照らさぬ、ということは全然ない。すべての人を照らす。釈尊の教えもそれと同じだというのです。

前講で述べましたように、釈尊は、自分が教団の指導者であるということを、みずから否定しているのです。つまり、自分はビク(比丘、修行僧)たちの仲間を指導してきたのだとか、あるいはビクたちの仲間は自分をたよっているのだとか思うならば、ここでみんなに指示するであろうが、自分は全くそういうことを思うことがない、だからもはや何ら遺言することがない、というのです。

そして、最後の締めくくりとして次のように述べます。

それ故に、この世で自らを島とし、自らをたよりとして、他の人をたよりとせず、法を島とし、法をよりどころとして、他のものをよりどころとせずにあれ。

(同、二・二六)

たよるもの、帰依所を「島」(ディーパ)と呼んでいます。この「ディーパ」(dīpa)ということばには、ともしびという意味もあります。そこで、漢訳仏典では、かなり多くの場合に、「自己を灯明《とうみょう》とせよ」と訳しています。それは同時に、法をたよりとし、法を灯明とするということです。

「島」ということばを使ったのは、インド人の生活においては実感の出ることばなのです。かつてインドで洪水が起ってベンガル州全体に広がりました。ベンガル州全体というとおよそ日本全体ぐらいの広さで、ベンガル語を話す人は一億人ぐらいいる。それが全部水につかってしまう。先年私がオリッサのほうへ行ったとき、洪水で家も畑もつかっているのを見て感じたことは、そういうところでは、どこかにちょっと小高い島のようなものがあれば良いなあ、ということです。そこへみな逃げて命が助かり、休息がとれる。インドの平野というのは関東平野など平野の部類に入らないくらいのもので、何日旅行しても山が見えない。そこが全部水につかってしまう。だから、「島」とか「洲《す》」という表現が実感をもってくるのです。

日本人にはそんな経験はあまりないし、日本人は何でもこぢんまりとしたことが好きですから、自分の小さな部屋なり仏壇の前でお灯明をあげて、それにたよるというほうが、感じが出ます。しかし、どちらにしても思想的な筋は同じことなのです。

また、自己にたより、法にたよるということは別のことのようですが、矛盾はしないのです。自己にたよるということは、他人の出す雑音に耳をかさないで、「千万人といえどもわれ行かん」という覚悟が必要になるということです。ほかの人はああ言うが、自分は断じてこうすると決断を下す場合には、よく考えてみると、いま自分は人間としてこのように行動すべきであると考えて決断するのですから、その決断には、人間としての生きるべき道を考えてのものがあることになります。ということは、自分が確信をもって行動するのは、法にたよっているのと同じなわけです。また、法にたよるという場合、法とか道とかが、宙に幽霊みたいに浮いているのをたよるというのではなく、それはめいめいの人の中に生きているものであるわけですから、結局自己にたよるということで、両者は同じことになります。

いま釈尊の臨終のことばをご紹介しましたが、ここでは釈尊自身が、教団の指導者であることをみずから否定しています。ひとえに法を体得し、遵奉し、実行するというところに、釈尊は絶大の確信をもっていたし、また人々もそれで釈尊をたよってきたのです。

ところが、人々が大勢たよってくるうちに、釈尊は偉い方だと思う気持がますます高まっていき、そして大きな宗教として発達するようになります。そうすると、釈尊は、凡人からは遠く隔った、普通の修行者一般とは違った存在、超人的存在と認められるようになります。釈尊のことを漢訳仏典で「世尊」という尊称を使っていることがあります。世にも尊き方という意味ですが、ここには明らかに尊敬の意味が加わっております。弟子たちは、釈尊の人格を通して、その説いた法を信奉していた。そして、釈尊が在世のときにすでに、釈尊は通常人とは違った偉い人だ、と考えていました。

2　法の観念の源流

仏教のことを昔の人は「仏法」と申しました。それは、「仏(ブッダ)の説いた法」という意味です。前節で法(ダルマ)について簡単に触れましたが、法とはどういうものか、その源流をたどって、さらに詳しく考察してみたいと思います。

まず仏教の法の観念が現れる前に、インド人は法というものをどう考えていたかということを申し上げます。つまり昔からインド人が法というものを考えてきて、それを受けて仏教では純粋な法の観念を確立し、それがずっとアジア大陸をよぎって、海を越えてわが国にまいりまして、聖徳太子によってはっきりと明らかにされたという関係になっているかと思いますので、最初の、仏教以前の発端《ほったん》のところを申しまして、それが仏教では、どのように受け継がれたかというところにまで話を及ぼしていきたいと思います。

法はインドの昔のことばで「ダルマ」(dharma)と申します。パーリ語ですと、これがくずれまして「ダンマ」(dhamma)となります。仏法というときにはそれぞれに「ブッダ」(Buddha)がつきまして、サンスクリット語で「ブッダダルマ」(Buddha-dharma)、パーリ語で「ブッダダンマ」(Buddha-dhamma)となりますが、どちらも中身は同じです。「ダルマ」は、保つ、支持する、担うという意味の語根「ドフリ」(dhṛ)からつくられたことばであります。同じくこの「ドフリ」という語根からつくられたことばにdharmanということばがありますが、これは中性名詞です。インドの一番古い文献は『リグーヴェーダ』(*Ṛgveda*)と申します。その中では「ダルマン」という中性名詞の方が多く用いられておりますが、後世ではほとんど使われなくなって、これに代ってもっぱら「ダルマ」という男性名詞が使用されるようになりました。「ダルマ」と「ダルマン」とが全く同じ意味をもっているのか、あるいはいくらか違うのかということについては、まだはっきりしておりませんで、今後のヴェーダ学者が研究すべき課題でありますが、ともかく保つ、支持する、担うという意味の語根からつくられたことばです。

一般に名詞の語尾が「マン」とか「マ」で終っている場合といいますか、「マン」とか「マ」の接尾語がつけられて形成されている名詞は、働きの主体を示す名詞です。だから、「ダルマ」というのは、保つものという意味です。もっと明瞭に申しますと、人間の行為を保つものという意味です。つまり、規範となって人間の行為を保つものです。だから近代の研究者はダルマを一言で定義すれば、行為の規範あるいは行為の規則であると解します。したがって自然界の秩序とは別のものであると考えられるのです。自然界の秩序というのは因果律で支配されていて、ここで何か物を落すと、重力のために必ず下に落ちます、そこに狂いはないわけです。ところが、人間の事柄というものは、必ずしも因果律だけでは決定できない。これ、いいなあと思ったら、そこで初めて心がそっちの方へ動いていくわけで、自然界の秩序とは別のものであると考えられます。

この、人を人として保つもの、規範、法《のり》というような意味の「ダルマ」の観念が、いよいよ中国という漢字文化圏に伝えられます。そうすると、何と訳していいか困りまして、「法」という字をあてたわけです。漢訳の仏典では、ほとんど例外なく「法」と訳されておりますが、まれに「道」と訳されていることもあります。「仏法」といっても、「仏道」といっても、意味するところは実際問題として同じであります。

いま申したように、「法」という字を使って訳したわけで、これも、「のり」、「きまり」というような意味ですが、今日の日本人は、「法」という漢字を見ますと、すぐ法律を連想します。しかし法律なんていうのは、「法」から派生したというか、甚いて出てきた意味でありまして、元の意味ではない。元の意味は「のり」です。漢字のことは私、よく存じませんけれど、学者が言うところによりますと、「法」という字の偏はサンズイ、水で、水は水平、公平を意味する。「去」は、昔は「廌」と書き、一種の神獣を意味し、直ちに罪を知るという。また他の学者の説によると、もとは池の中の島に珍獣をおしこめて外に出られないようにしたさまであるといいます。いずれにしても、それは「のり」、「ことわり」であり、定めです。この漢字がダルマにちょうど当るだろうというので、昔の中国の人はこの字を選んだのであります。

この「ダルマ」ということばは、非常に広い意味にも使われておりまして、現代のインドの用例を見ますと、人間の行なうべき規範、きまりという意味もあり、法律という意味もありますが、さらにおもしろいことには、西洋の「宗教」ということばの訳語に、この「ダルマ」を当てているのです。宗教の原語は西洋で「レリジョン」と申しますが、これはどのことばでも大体同じで、ラテン語の「レリギオ」から出ているのです。しかし、これは西洋人が使いはじめたことばで、東洋にはないのです。そこでインド人は西洋の「レリジョン」という語を訳す場合に「ダルマ」ということばを使っております。たとえば仏教のことをどう言うか、と申しますと、「ブッダ・ダルマ」でもいいのです。これは釈尊の説かれたきまり、教えという意味になるのですが、むしろ、いまのインド人は「バウッダ・ダルマ」(Buddha-dharma)ということばを使っております。Buddha のbとuの間にaが入るのです。仏教徒をインドでは一般に「バウッダ」と申しまして、仏教徒の実践している「のり」ということで、仏教を示すのです。キリスト教は何というかと申しますと、現代インドのヒンディー語では「クリスティ・ダルマ」と申します。キリストに由来する「のり」、道という意味であります。

西洋では、宗教と哲学というものが別々になっていまして、純粋に哲学者が自分の思考だけで考え出した思想体系を「哲学」(フィロソフィー)と言い、これはギリシアに始まるわけです。そうではなくて神を信ずることから始まった宗教、これはイスラエルに由来するわけですが、それを「レリジョン」と呼んで、両者がしばしば矛盾することがあります。そこをどうつなげるかということが、西洋の神学者あるいは哲学者の大きなテーマとなってきております。

ところが、仏教の場合には、そういう矛盾がない。両方面の性格はもっておりますが、仏教の真理というものは、教えに基礎づけられるものである、と同時に道理に基礎づけられるものである。これを、仏教では教証と理証、と申します。まず、教えは聖典の中に説かれている、聖典に根拠のあるものでなければなりません。しかし、それだけではいけない。同時に道理に基礎づけられた、理屈にかなったものでなければならない、それが理証であります。西洋流の言い方をすると、教証の方が宗教にあたり、理証の方が哲学にあたり、両者の間にしばしば葛藤《かっとう》も起きているわけですが、仏教では、もともとそれが一体で、強いて理論的に区別するといま言った二つになるけれども、実際に動いている仏教というものは、両者が渾然《こんぜん》一体となっています。だから、その教えを仏法と言ってもいいし、仏道と言ってもいい。それをダルマと呼んでいるのでありまして、ここにインドに始まる東洋独特の考え方が出ているわけです。

「ダルマ」ということばが古い時代には、どういうぐあいに使われていたか、その古い用例を考えてみましょう。まず、第一に考えられるのは、ダルマの倫理的意義です。もっとも古い用例は、ヴェーダ聖典四つのうち、比較的新しい、民衆的なものを『アタルヴァ・ヴェーダ』と申しますが、そこには、お葬式のとき、唱える呪文があります。それによると、夫が死に、遺骸が火葬に付せられるときには、妻は、その火葬のたき木のそばに臥すべきである、これは「いにしえよりの慣例」――「ダルマ・プラーナハ」――である、とされます。「プラーナハ」というのは「古い」、「ダルマ」は先に申したように、「きまり」「慣例」であります。つまり、「いにしえよりの慣例」というのは、一定のきまりとなって、人間の行為を規定し、人を一定の仕方に保つものということであって、慣例、習慣、風習というような意味になりますが、ヴェーダ聖典に出ているのは、それだけなのです。ここで言っていることはどういうことか、はっきりと断定的には申し上げにくい。保守的なインド人は、ここではサティーの習俗に言及しているのだろうと言います。これは夫がなくなった場合に、妻が殉死《じゅんし》するということです。日本でも、たとえば乃木将軍が明治天皇の葬儀のときに自決し、大人も同時に自決したということがありました。非常にまれな例ですが、それと同じことが、インドでは古い時代から讃えられてきました。インドの博物館へ行きますと、サティーを行なった婦人の彰徳碑というのが建っておりまして、それに、その地方の言葉で、この婦人は、夫が亡くなったときに、火の中に身を投じた、ということを讃えて書いてあるのです。仏教では、そういうことは教えませんけれども、ヒンドゥー教では後代になると、ことに割合、身分の高い婦人の間で、そういう習俗がありました。これは意味のないことであるといって、ヒンドゥー教の宗教改革者たちは非難しました。英国が統治するようになってからサティーは禁止され、現在のインド政府はもちろん法律によってサティーを禁止しておりますけれども、何か民衆の保守的な感情というものは、どこかに残っているのですね。近年でも一年に一回か二回はサティーを行なう婦人があるそうです。

次には、慣例とか風習、習慣というものは、その当時の社会においては、社会の構成員がうやまい、守らねばならぬことですから、そこで遵守すべき点を強調して、「ダルマ」は、為すべきこと、つとめ、義務の意味にも用いられるようになりました。たとえば『シャパタ・ブラーフマナ』というバラモン教の聖典があるのですが、そこでは、バラモンには四つのダルマがあると書いてあります。四つのダルマとは、四つのつとめで、それは何かと申しますと、一つはバラモンの血統を乱してはいけない、そして血統を受け継ぐつとめがある。それから第二にバラモンたるにふさわしい行動をしなければいけない。バラモンは徳に背いたこと、いやしい行動をしてはならない。第三に名誉を保つ。第四に世人を教え導くこと。こういう四つのダルマ、四つのつとめを守らなければいけない。これに対して、世間の人々は四つのダルマをもってバラモンに奉仕すべきことが書かれてあります。まず第一にバラモンを尊敬すべきである。第二は布施《ふせ》でありまして、バラモンを招いて儀式を行ない、それに対してお布施をあげることを守るべきである。第三にバラモンを圧迫してはならない、つまり困らせるようなことはしてはいけないということです。それから第四にバラモンを殺してはならない。この四つが世間の人々がバラモンに対して行なうべきことだというのであります。

すなわちバラモンが世間の人々に対し、また世間の人々がバラモンに対して守るべき義務がそれぞれ四つある。そして両方の側の人が、その守り、行なうべき義務を彼らのそれぞれの資格において保っていく、だからダルマであります。これは社会の規定した一定の行為の仕方であって、各個人はそれに服従するわけですが、また、それに背《そむ》くこともありうるわけです。したがって社会は、その行為の仕方を社会の各構成員に強制する、それに背くものを処罰します。だから人間の行為規範としてのダルマは権力をもってする制裁の観念を包含するものであります。これが、ついには法律の意味をもつようになりました。後世インドでは律法論という書物がつくられるのですが、『マヌ法典』というのは律法論のうちの代表的なもので、こういう刑法、つまりダルマというものが強制を内含するという観念は、すでに古い時代からその萌芽が現れております。

紀元前五百年より以前においても、すでに「ダルマ」ということばの中に法律という観念が含められていたらしいのでありまして、法律というものは、権力によって社会の各メンバーに守るべきことを強制するわけで、その権力を掌握《しょうあく》し、行使していたのがクシャトリヤ、王族であります。バラモンの次の階級がクシャトリヤ、あるいは武士族といってもいいでしょう。国王は法の擁護者であり、王族の本質は実に法を維持することにあると考えられ、このダルマなるものは、クシャトリヤのクシャトリヤたる所以《ゆえん》であるというのであります。そういう法律規定を集めたものが律法論でありまして、『マヌ法典』は、その代表的なものであります。

今日でも、インドには法科大学がたくさんありますが、そこでは『マヌ法典』とか昔の法律書をいまなお伝えて勉強しています。ここらが日本と非常に違うわけで、日本では、昔も法律がありまして、一番古くは聖徳太子の十七条憲法から十二の位階の制定、大宝律令とかいろいろありますが、そういうものを法学部では教えない。せいぜい追加として、日本法制史のどこか端っこの方で聴きたい人はお聴きなさいという程度で講義している。明治以後の法律というのは、全然新たなものです。ところが、インドではそうでない。昔からのものが、いまなお生きています。なぜ、その違いが出てきたかと申しますと、英国がやってきましたときに、英国の軍隊は二十万かそこらしかいなかったのに、統治される国は何億人ですからね。そこで、この大きな国を統治するには民族の習慣を尊重すべきだと思ったのです。インドで行なわれている実際の法慣習を参照して、裁判官が適宜《てきぎ》判決を下したのですが、判決を下すときには必ずそれまでインドで行なわれていた法律というものを参照しているわけです。だから、『マヌ法典』だとか、そのほかいろんな法典類を参照せざるをえないのですが、英国人がそういう法典を読めたわけではないので、バラモンの学者を呼んできて聴いて判決を下す、そういう形で行なわれたのです。そして、インドの法律は先例を尊重する行き方で、英国法と同じく経験的に積み重ねるわけですが、日本の法律というのは、ご承知のようにドイツのまねですから、一般論でやってしまう、その違いがあるわけです。英国人というのは実際的な人種ですから、現実に生きている習慣を尊重すべしということで、『マヌ法典』など法律集を参照しましたから、今日にいたるまでインドの大学の法学部、あるいは法科大学では、伝統的な法律書の勉強が、まだなされているというわけです。

そういった法典で一番有名なのが『マヌ法典』で、これぐらいは名を覚えておいていただいてもいいかと思います。法律というものが昔からあったということは申しましたが、この『マヌ法典』は実に細かい点まで規定しておりまして、この法律によって弱者も、その生活を擁護され、強者もむやみに弱者を迫害しえない。弱い者でも法の力を借りるならば強者を支配するということをインド人は、もう早くから自覚していたのです。ウパニシャッドの文句ですが「無力なる者は、有力なる者をダルマによって支配する。あたかも国王の力を借りて支配するようなものである」。つまり法律の擁護がなければ、弱い者はたちまち強い者に蹂躙《じゅうりん》されてしまうという恐れがあるわけです。そこでインド人特有の想像力をかりまして、法というものを雨水にたとえていたのです。「実にダルマ(法)は水である。それ故にこの地上の世界に雨水が降ってくるときには、この全世界は法に遵《したが》う。しかし、雨が降らないときには強者は弱者の物を略奪するにいたる。なんとなれば法は水であるからである」。このダルマは広い意味に解しますと社会的秩序、社会制度をも意味するでありましょう。初めのうちは『律法経』という短い文句から成っている経典があったのです。それが広げられ、詳しいものになって律法論となりました。

ダルマはいろいろに考えられますが、その共通性を求めますと、人間的な合一を実現しようとする方向に向って人間の行為を規定する規範、きまりであると言いうるでしょう。だから漢訳の「法」という文字がよく適合するのです。また、その目ざす方向に即して考えるならば、善あるいはよい行為という意味になります。また、その善である特殊な姿に即して徳という意味にも用いられます。ヴェーダ聖典の中に「ダルマ」という言葉がたくさん出てきますが、広い意味で大部分は法、善、あるいは徳の意味であろうと近代の研究者は推定しております。

そして、これに対する反対概念、不法とか悪とか、悪徳というものは一括《いっかつ》して「アダルマ」(adharma)という言葉でまとめられます。aというのは打消しの接頭辞でありまして、ダルマとアダルマは、よく並べられて出てまいります。

ダルマは、このように倫理的意義を帯びた観念ですから、ダルマをつかさどる神はヴァルナ(Varuṇa)、天空の神さまです。天空をギリシア語で「ウラノス」といいますが、語源的には同じです。

そのウラノス、つまりヴァルナは、天空から人々を見守っていて、悪いことをするものに対しては、「悪いことをするな」と罰する。ところが、後にこのヴァルナは水の神になるのです。なぜかと言いますと、天空から雨が降ってくるのを見て、天空に水があると思ったのでしょう。これが仏教に取り入れられまして水天となるのです。「十二天」と申しますが、そのうちの一つに水天があります。東京では日本橋に水天宮がありますが、この水天宮は、もともとあそこにあったのではなくて、筑後川のほとりの神さまで、それを、筑後藩が東京の藩邸にお宮を建て神さまを勧請したというもので、東京の下町では非常に有名ですが、そういうところに残っている、これも元はヴァルナです。

ヴェーダの神々というのは、非常に人間的で、人間のいろいろな性質あるいは性格が標準化されているのにすぎない。だから神々は人間的な弱点や欠点を持っていて、道徳的には決して完全ではないのです。人々にとっては親しく、むつまじいものと思われていて、この点は日本の神さまとよく似ているのです、八百万《やおよろず》の神々を拝んでおりますし……。親しく、むつまじい、それらの神々の中で、このヴァルナのみは道徳的な神であり、峻烈な司法神であります。人々は自分の悪をおおいかくすことはできる、しかしヴァルナの目をあざむくことはできない。当時のインド人はヴァルナに対して厳粛《げんしゅく》、畏敬の念に満たされていました。したがって、ヴァルナは法の主と呼ばれておりました。後世になりますと、ダルマという抽象概念そのものが神と見なされ、死後の裁きの神ヤマ(Yama)と同一視されるようになります。ヤマは人間の死後の王ですから、死後の審判の神になる。閻魔さまの「エンマ」というのは「ヤマ」の音を写したものですが、そのヤマがダルマと同一視されるようになりました。

ダルマは、このように人倫を実現するといいますか、人間の立派な関係を実現するように人間を保つものですから、ダルマは人間の現実生存における真実をおこさせるものでなければならない。そこでダルマそのものが、主体的な意味における真理であると言われるのです。ウパニシャッドでは、ダルマは真理と同一視されております。「実にダルマなるものは真理である。それ故に真理を語る人を指して、人々は、〈彼はダルマを語る〉と言う。あるいはダルマを語る人を指して人々は、〈彼は真理を語る〉と言う。なんとなれば、この両者は同一であるからである」。ウパニシャッド聖典には、右のような記述がありますが、これはダルマの観念をわれわれによく教えてくれるとともに、当時のインド人の考えていた真実、真理というものがなんであるかということを示してくれます。これは近代人が考える真理とは、ちょっと違っています。近代人は、ここに主観があり、向うに客観がある、というふうに両方対立させて考えている。その主観に対立する客観的世界における理法とわれわれの思惟、思考の内容とが一致していることが真理だと思いますが、インド人が考えたのは、そうではないのです。別に普遍妥当性をもった認識でもない。人間が行為の規範にしたがって人倫を実現すること、すなわち人倫的合一を真理と考えていたに違いない。こういう意味の真理がダルマの本質をなすと考えていたと思われるのであります。

こういうわけで、後期のウパニシャッドになりますと、人倫を実現するための行為の規範としてのダルマが全世界の根底にあり、万物は、このダルマにおいて安住しているという思想にまで到達しました。「この全世界はダルマによって包摂《ほうせつ》されている。ダルマよりも行ないがたいものは存在しない。それ故に人々はダルマを喜ぶ。ダルマは全世界の根底である。世間において、人々はもっとも法を守っている人のもとに赴く。人々はダルマによって悪を除去し、万物はダルマにおいて安住する。それ故に人々はダルマを最高のものであると語る」。のみならず、ダルマは世界の創造者ブラフマンよりもすぐれた形を有するとさえ言う場合もございます。以上がダルマの倫理的意義であります。

次にダルマの宗教的意義について考えてみたいと思います。ダルマは行為の規範を言ったわけですが、行為の意義を考えてみましょう。当時のインド人が考えていた行為は、今日われわれが考えるところの行為とはかなり違ったものでした。われわれは、因果律の制約を受けている自然界があり、そこで身体を有する人と人とが交渉を互いにもつようになる、したがって、身体を通じて行為する限り、われわれの行為の結果なるものは、自然界における因果律による必然的制約を免れることはできない、と思っております。ところが、当時のインド人にあっては、われわれが考えるような自然界の観念はまだなかったわけです。自然科学的な因果律の観念もなかった。もろもろの自然現象は、神々の支配するものであると考えていました。だから神々に向って讃歌を唱え、供物を捧げるお祭を行なえば、神々の恩恵を期待することができる。従って、祭によって自然現象を左右しうると考えていました。バラモン教における祭祀《さいし》の文献を『ブラーフマナ』と申しますが、それによりますと、人々は祭によって神々を駆使することができたのでありまして、神々でさえも祭の法則にしばられる。人々が正式の祭の法則にしたがって神々に祈願するならば、神々はそれを欲すると否とにかかわらず、必ず人々に恩恵を与えなければならぬと考えまして、そこで祭というものが、人生のもっとも重要な部分を占めることになります。「為す」という言葉がありますが、それがそのまま「祭を為す」という意味に用いられています。また「為す」ことを意味する「カルマ」という言葉がありますが、これは同時に祭祀を意味するのです。だから一般に行為の規範として用いられた「ダルマ」という言葉が、同時に祭の規定、祭の法則、あるいは祭に関する正しい行ないを意味するようになりました。

こういう祭の規定としてのダルマを追求したのが、のちのインド哲学の一つの学派でありますミーマーンサー学派です。この学派によると、ダルマというのはヴェーダの命令である。つまり祭祀を、これこれの仕方で行ないなさいという命令であるというのです。そうすると、いろいろな倫理的、社会的規定も実は祭の規定に従属するものということになるのであって、このダルマ＝律法にはいろいろのことが規定されているのですが、社会制度の学問というものも結局は祭の学問にすぎないということになるのです。律法論というのがありまして、これは非常にくわしい法典ですが、その前に『律法経』という短い経典があったのです。それは何を規定しているかというと、人生には四つの時期がある、四つの階級があるということを中心にして述べているのです。四つの階級と申しますのはブラーフマナ、これはバラモンで祭をつかさどる者。

次がクシャトリヤ、これは王族です。三つ目がヴァイシャ、これは庶民、最後がシュードラ、これは何と訳しますかね、私は隷民と訳しているのですが、奴隷《どれい》といっても西洋のスレイブほど残酷な扱いは受けていなかった。家族の一員みたいに扱われていましたから、西洋の奴隷とは違うのですが、この四つを四姓と申します。仏教になりますと、すべて平等を目ざす。ところが、バラモン教はカースト制度を認め、それを律法論では説いているのです。そして、そういうことを守るのがダルマだとバラモン教の方では考えているのです。

それから、これは第二講で申し上げましたが、人生に四つの時期がある、ということを説いています。つまり、学生期、家長期、林住期、遊行期の四つです。

「遊行」という言葉は、仏典によく出てくるのですが、この場合の意味は、へめぐる、おもむくという意味で、遊んで行くということではありません。浄土教の方では時宗の遊行上人と申しまして、神奈川県の藤沢に遊行寺、正式には清浄光寺というのがありますが、あそこのお上人さんは全国をへめぐって、念仏を広めて縁を結んで、遊行先、つまり旅先で亡くなるというのが昔からのならわしだったのです。『遊行経』というお経があります。釈尊が最後に生れ故郷の方へ向って旅をされ、亡くなる、その過程を述べてあるお経でございます。こういう四つの時期を経過すべきであるというわけです。

西洋人でも宗教社会学の方で非常に重要な学者であるマックス・ウェーバーは、これを研究して「これは珍しい。こういう四つの時期を経過するという人生の理想、これはインド独特のものであり、ヨーロッパや西洋にはない。もし、強いて求めるならば、その類例は日本にある。日本の隠居《いんきょ》がそれだ」と言うのです。「隠居」ということばは西洋の言語に訳せない、だからローマ字でInkyoと書いてある。英語では「リタイアメント」ということばがありますし、ドイツ語にもそういう意味のことばはあるのですが、だいぶ意味が違います。西洋では、そのポストをやめてしまったら、もうあとはだれも振り向いてくれない。ところが、日本ではそうではなくて、ご隠居さんというのは、口出ししないけれど尊敬されていて、何かある場合には十分発言力をもっているのです。これは日本あるいはアジアの社会と西洋の社会の違いだろうと思います。

だから、この四つの時期を人生の理想としている、これはある意味では日本人にとっても理解のできることではないかと思います。最後まで働いて世の中に尽すということは、まことに美しい姿でありますが、しかし、どうかすると、最後まであくせくしてしがみついているというのは、どうも格好が悪いですから、そこのところは日本人はあっさりしている、若い人を信頼するというような気風があります。

これもわれわれにとって全然理解できないことではありません。こういう社会的なきまりが祭の学問の一部に含まれています。日本でも、政治のことを「まつりごと」と申しますように、昔は祭が中心だったのです。その祭の一隅に政治が入っていたわけです。祭が中心にあって、いろいろの倫理的、社会的な規定がその周囲にある、それらを一括してダルマと呼んでいたのです。ところで、祭を中心とする宗教的義務の実行が果してわれわれの追求すべき最高のつとめであるかどうかという疑問が起きてきた。われわれが真に目的となすべきものは、ほかにあるのではないかという懐疑が当時の一部のバラモンおよび王族の間において起りました。ウパニシャッドに出てくる思想家はこう申しました。「絶対のものであるブラフマンの認識こそがねがわしい」。絶対のものといっても、ことばでは、なかなか言い表わされないのであって、最高のもの、絶対のもの、それを知るべきであるというのです。ウパニシャッドでは、次のような記述があります。「宗教的義務としてのダルマが三種ある。第一は祭祀とヴェーダの学習と施与である。第二が苦行である」。「苦行」と申しますが、あるいは「修行」と言ったほうがあたるかもしれません。それから「第三は師の家に居住し、しかも師の家に身を落ちつけて、生を終る清らかな行ないの行者である。これらすべては善の世界を得る」。おそらく死んでから、遠いかなたの天の世界に生れるということでしょう。「しかし、ブラフマンに安住するものは不死におもむく」。死なないのです。つまり、祭祀、ヴェーダの学習、乞う人に物を与える、苦行、師のもとにとどまって仕える、こういうことはダルマで、よい行為である。だからよい世界に対して幸福を得る、これは従来のバラモンの世界観であります。

ところが、新しい思想家は次のように批評したのです。「これらの宗教的な善行によっては不死性、つまり絶対の自由である解脱は得られない。われわれは絶対者であるブラフマンを認識して、それに安住することによってのみ、真の自由に達する」。そうしますと、従来のように、(1)祭を重んずる立場と、そうではなくて、(2)絶対の真理を瞑想《めいそう》して認識する立場と、二つ出てきたわけです。前の方の立場が宗教的な義務をダルマとする。これに対して、後者は絶対者ブラフマンを認識するのはダルマの外にあると考えるものでありまして、こういう傾向がその後のインド哲学を支配しております。特にヴェーダーンタ哲学と申しますのは、絶対者ブラフマンの認識を重んずるのです。ただ絶対者ブラフマンを瞑想して認識するだけでいいのか、宗教的な行ないはしなくていいのかということが問題になりまして、やはり両方必要だという哲人もいますし、いや瞑想だけでいいんだ、日本的な表現をすれば禅の修行だけでいいんだというような人、——両方あって後代にまで続いております。

他方、同じウパニシャッドの中でも、絶対者をダルマと呼ぶ人々もありまして、古いウパニシャッドの中でダルマが絶対者の地位にまで高められています。「それから太陽が出現し、その内に太陽が没入するところのもの、神々はかれをダルマとなし、かれのみ、きょうもあり、あすもある」。これをダルマと呼んでいます。後代のインドの哲人シャンカラは、これを「永遠の現在」と呼んでおります。

3　自己を認識せよ

こういうような、いろいろなダルマの観念があったわけで、決して一義的ではないのです。仏教は、これを受けて、ダルマにたよるということを明らかにしたのです。『バガヴァッド・ギーター』というヒンドゥー教の書物ではウパニシャッドの思想を受けてアートマン、自分のうちにある自己を認識せよ、と勧めて次のように言います。「アートマンを歓喜となし、アートマンに飽満し、アートマンに満足した人があるならば、かれにはもはや為すべきことは存しない」。これが絶対の境地だと言うのです。ところが、これに対して仏教では、修行者のことを次のように定めております。「法を楽しみ、法を喜び、法に安住し、法の定めを知り、法をそこなうことばを口にするな。見事に説かれた真実に基いて暮せ」。自己を知る、自己にたよるということが仏典の中に出ておりますが、それはまた法にたよる、法を知ることなのであります。つまり自己に帰依することと、法に帰依することが同義語として並んで出てくるのです。自分を救ってくれるものは、自分なのです。

ドータカよ。わたくしは世間におけるいかなる疑惑者をも解脱《げだつ》させ得ないであろう。ただそなたが最上の真理を知るならば、それによって、そなたはこの煩悩の激流を渡るであろう。（文庫本『ブッダのことば』一〇六四）

自己にたよるということは、決してわがままをするという意味ではありません。世の中で、いろいろな問題に当面する、人と意見の違うことだってある。人の意見をいろいろ聞いてみたけれど、どうも自分は承服できない。自分はどうしても、こういうぐあいに行くんだと最後に決定を下すことがあります。その場合には、いいかげんな、自分の好きこのみでやるのであってはならない。ほかの人が反対しても、自分はこういうぐあいに進むというからには、その奥に普遍的な根本の法があるわけです。その法に基いて、ほかの人はやらないけれど自分はこうすべきだという確信が出てくるのであって、決してサイコロを投げるように決めることではありません。法の立場に立って覚悟を決めて実行する、そこで事は必ず成功するわけです。

あるいは失敗することもあるかもしれませんけれども、失敗しても、それはまた必ず、ほかの人に何らかの影響を残すというか、教えを与えることになるのです。ですから、自己にたよる、自己を見るというのは、エゴイスティックに自分のことを考えるのではなくて、だれの前に出しても恥かしくない立派な、本当の自己というものをたよること、見ることであって、それは法と一体になっているのです。そこにのっって自分の行動の確信が出てくるわけです。だから仏教は法を明らかにする、その法を覚った人がブッダである。われわれ凡夫といえども、仏さまと同じような境地に連れていっていただけるという喜びがあるのであります。

原始仏教では、人間がいかなるとき、いかなるところにおいても遵守すべき永遠の理法があると考え、それを「ダルマ」(法)と呼んだのでありまして、法は人間においても、もっともすぐれたものであり、最上のきまりであって、釈尊はその法を如実に知っている人であるから、「さとった人＝ブッダ」と呼ばれました。修行者は最上の法を見て、正しく法を観ずるのでなければならない、とされます。そして常に法を思考する人が称讃されているのです。釈尊が説いた教えというものも、法の権威のもとに正当とされるのです。釈尊のことばとして次のように伝えられております。「わたしはこの法をさとったのだ。わたしはその法を尊敬し、うやまい、たよっているようにしよう」。そのとき梵天は次のように世人に呼びかけます。「願わくはこの甘露《かんろ》の門を開け。無垢《むく》なる者の覚った法を聞け。仏さまは過去、現在、未来にましますのことは、どのブッダについても言えることであります。

過去に正しく覚った人々、未来に覚った者となる人々、現在において正しく覚った人、多くの衆生の憂いをなくす人――かれらはすべて正しい法を尊敬していたし、尊敬しているし、また尊敬するであろう。これがもろもろの覚った人、ブッダにとってのさだめなのである。

（パーリ原典協会本『サンユッタ・ニカーヤ』第一巻一三八ページ）

この根本のものを明らかにし、それにのっとるというところに仏教の道が開けてくるのであります。

この法というものは、必ずしも世間で言う法律と同じではありませんけれども、法律がそれにのっとるべきものなのです。ただ、よいことをせよと言っているだけでは、なかなかこの複雑な社会は円滑に進まない。そこで、こういう場合には、こうすべきであるというようなことを細かなところまで規定しているのが法律で、近代社会においては欠くことのできないものであります。と同時に世間では、法律は冷たい、どうも法律の決めていることは、なんだかおかしい、法律って変なものですね、といった会話が聞かれます。どうしてそういうことが言われるのか。これはわれわれ人間の理解している普遍的なダルマというものがある、その見地から見てみると、いま行なわれている法律というのは、どうもおかしいということはあるわけです。あるいは、現実にある法律というのは、しょっちゅう変ります、これは仕方がない。世の中が変るんですから変えなければならない。その場合に何を基準にするのか。でたらめに勝手に法律を変えるわけにはいきません。その基くものがなければなりません。その基くものを明らかにしているのが、釈尊の覚った法、仏法であり、それを説くから仏教になるのであります。もし「仏」という字がいけないとほかの宗教の方で言われる方がありましたら、隠してしまってもいい。すべての人に通ずる永遠の理法でありまして、これは聖徳太子が十七条憲法の中に説いた通りのものであります。それに基いて、いまの法律を批判することができるのです。

また、裁判所の判決なんていうものは、世間の方が、おかしいなと思われることもいろいろあるのではないでしょうか。そういう場合の批判を何によってなすか。これは根本にある人間の理法、法律を越えた本当の法というものに基いてなすべきだと思うのです。これは三世十方についてあてはまるべきものであって、それに基いて、われわれは実定法を批判することもできるし、また個々の行為に対する処罰なり判定に対して批判することもできるのであります。

私はかねがね考えるのですが、日本の指導者は、明治以後西洋の法律を取り入れることにばかり夢中だったのではないでしょうか。本当に人のためをはかるということが無視されていはしないでしょうか。その基準は何か、と申しますと、それは、釈尊が説いている慈悲の精神です。人を傷つけてはいけない、これははっきりしていることです。それに関連することで、人をののしったり、悪口を言ったりしてはいけないということも当然出てくるわけです。その根本に基いて一切のことが批判されるべきだと思うのです。だから、西洋で行なわれているからとか、先進国ではこうだから、といって、それをまねしようというのでは、これは本当の法にのっとった精神であるとは言えません。ここで、もういっぺんわれわれの祖先が伝えてくれた尊い法の観念を吟味、理解して、現在において、どのように判断すべきであるかということを考えていただきたいと思うのです。

よく世間では、日本は遅れている、ということを申しますが、世間の知識人とかジャーナリストがお手本にしている、いわゆる先進諸国というのは今どうなっていますか。大体、先進諸国というのは地盤沈下しつつある国ですよ。ただそのまねをするというのは危険です、われわれをそこなうものです。むしろ、われわれの背後から健全な精神をもっている国があとを追っかけてきていることを忘れてはいけないのです。いまの日本は少々あぶく銭があるからといって、それで浮れて、今のようなまねをしていたら、とんでもないことになると思うのです。おそらく本日ここへお集りの方々は、皆そういうことを心にひそめて考えるところがあって、お互いに勉強のためにお集りになっていると思いますけれども、世間一般がこのようなありさまでいいのかなあと考えたくなります。私としては、古来の法の観念を、今ここで、もういっぺん明らかにしていくという立場から世の中に対して積極的に批判の言葉を返していくことが必要ではないか、と思っております。

第六講　釈尊を慕う人々——集いの成立

1　平等の原則

仏教では、人間は人間である限り平等であるという立場を表明していました。

生れによって賤《いや》しい人となるのではない。生れによってバラモンとなるのではない。行為によって賤しい人ともなり、行為によってバラモンともなる。
（文庫本『ブッダのことば』一三六）

生れを問うことなかれ。行いを問え。火は実にあらゆる薪《まき》から生ずる。賤しい家に生れた人でも、聖者として道心堅固であり、恥を知って慎しむならば、高貴の人となる。（同、四六二）

釈尊に帰依した人々のうちには、国王、大臣、バラモンというような上層階級の人々も多かったのですが、賤民《せんみん》として蔑《さげす》まれた人々もともに教団に入ったということは、注目すべきでありましょう。

その一例として、スニータ長老は、次のような述懐を述べています。

わたくしは賤しい家に生れ、貧しくて食物が乏しかったのです。わたくしは稼業が卑《いや》しくて萎《しぼ》んだ花を掃除する者でした。

人々には忌《い》み嫌われ、軽蔑せられ、罵《ののし》られました。わたくしは心を低くして多くの人々を敬礼しました。

そのとき、全き覚りを開いた人(ブッダ)、大いなる健《たけ》き人が、修行僧の群にとりまかれて、マガダ国の首都に入って来られるのを、わたくしは見ました。

わたくしは、天秤棒《てんびん》を投げ捨てて、〔師に〕敬礼するために、近づきました。わたくしを憐れむが故に、最上の人(ブッダ)はそこに立ち止まっておられました。

そのとき、わたくしは、師の御足に敬礼して、一方の側に立って、あらゆる生きもののうちの最上者(ブッダ)に、「出家させてください」と請《こ》いました。

そのとき、慈悲深き師、全世界をいつくしむ人は、「来なさい。修行者よ」とわたくしに告げられました。これがわたくしの受戒でありました。

そこでわたくしは、独《ひと》りで森に住んで、怠ることなく、勝者(ブッダ)が教え諭されたとおりに、師のことばを実行しました。(同、二二八―一九)

夜の初更《しょこう》に、わたくしは過去世のことを想い起しました。夜の中更に、天眼《てんげん》(透視力)が浄められました。夜の後更《ごこう》に、闇黒(無知)の塊《かたま》りが砕かれました。

次いで、夜の明けがた、太陽の昇り出るころに、インドラと梵天とが来て、わたくしに合掌し敬礼して、言いました、――

「生れ良き人、あなたに敬礼します。最上の人、あなたに敬礼します。あなたの汚れは消滅しました。あなたさまは、供養を受けるべきかたです。」

次いでわたくしが神々の群に敬われているのを、師は見たもうて、微笑をたたえて次の道理を説かれました、――

「熱心な修行と清らかな行ないと感官の制御と自制と、――これらによって、ひとは、バラモンとなる。これが最上のバラモンたる境地である。」

(文庫本『仏弟子の告白』六二〇―三一)

2 救われた人々

もとは賤民の出身であっても、ついに「生れ良き人」と呼ばれるに至ったのである。

釈尊が人間の真理を説いたときに、大ぜいの人々が救いを求めて釈尊のもとに集ったのですが、その人々はいろいろでした。たとえばキサー・ゴータミーという尼さんの告白を読んでみましょう。

「婦女の身であることは、苦しみである」と、丈夫をも御《ぎょ》する御者(ブッダ)はお説きになりました。(他の婦人と)夫をともにすることもまた、苦しみである。また、ひとたび、子を産んだ人々も〔そのとおりで〕あります。か弱い身で、みずから首をはねた者もあり、毒を仰いだ者もいます。死児が胎内にあれば、両者(母子)ともに滅びます。(文庫本『尼僧の告白』二一六―一七)

中世インドでは、武士が責任をとって自決するときには、自ら頸《くび》を刎《は》ねるという仕方で自殺するのが常であり、かれらの彰徳碑にはその状況が浮彫で表現されていますが、右の文から見ると、すでに西紀前数世紀に、かよわい婦女がこういう手段に訴えたとは、悲惨というどころか、恐ろしさを感じるではありませんか。毒を仰ぐということは、きっと行なわれていたに違いありません。

彼女が世俗の生活にあったときに、彼女を待ち受けていた運命は悲惨なものでした。

わたしは、分娩《ぶんべん》の時が近づいたので、歩いて行く途中で、わたしの夫が路上に死んでいるのを見つけました。わたしは、子どもを産んだので、わが家に達することができませんでした。

貧苦なる女(わたし)にとっては二人の子どもは死に、夫もまた路上に死に、母も父も兄弟も同じ火葬の薪《まき》で焼かれました。(同、二一八―一九)

彼女は自分の運命を見つめ、それを通して、はっと解脱《げだつ》を得たのです。

「〔一族が滅びた憐れな女よ。そなたは限り無い苦しみを受けた。さらに、幾千〔の苦しみの〕生涯にわたって、そなたは涙を流した。

さらにまた、わたしは、それを墓場のなかで見ました。――子どもの肉が食われているのを。わたしは、一族が滅び、夫が死んで、世のあらゆる人々には嘲笑《ちょうしょう》されながら、不死〔の道〕を体得しました。

わたしは、八つの実践法よりなる尊い道、不死に至る〔道〕を実修しました。わたしは、安らぎを現にさとって、真理の鏡を見ました。

すでに、わたしは、〔煩悩《ぼんのう》の〕矢を折り、重い荷をおろし、なすべきことをなしおえました」と、キサー・ゴータミー尼は、心がすっかり解脱して、この詩句を唱えた。（同、二二〇―二二二）

社会的に軽蔑された貧者、捨てられた孤独の女の人、子を失った母、――こういう人々が釈尊に帰依したのでした。

スニータ長老は釈尊に帰依するようになった次第を痛切に述懐していますが、それは前の節に述べたとおりです。

捨てられた孤独な女も帰依しました。チャンダー尼は次のように述懐しています。

わたしは、以前には、困窮していました。夫を亡い、子なく、朋友も親族もなく、衣食も得られませんでした。

鉢と杖とを取って、わたしは、家から家へと食物を乞いながら、寒暑に悩まされつつ七カ年の間、遍歴しました。

ときに、或る尼僧が飲食物を受けているのを見て、わたしは、近づいて言いました。――「わたしは、家をすてて出家し遍歴しているのです」と。

かのパターチャーラー尼は、哀れんで、わたしを〔ブッダの教団において〕出家させてくださいました。それから、わたしを教えさとして、最高の目的〔の獲得〕に向かって励ましてくださいました。

彼女のそのことばを聞いて、わたしは、(その)教えを実行しました。きよき尼さまの教えは、空しくはなかったのです。わたしは、〔煩悩の〕けがれなく、三種の明知を得ました。(同、一二二―一二六)

子を失った母も釈尊に救われました。

〔ブッダは語った、――〕母よ。そなたは、「ジーヴァーよ！」といって、林の中で泣き叫ぶ。ウッビリーよ。そなた自身を知れ。すべて同じジーヴァーという名の八万四千人の娘が、この火葬場で荼毘《だび》に付せられたが、それらのうちのだれを、そなたは悼《いた》むのか？

〔ウッビリーは、ブッダに答えた、――〕「ああ、あなたは、わが胸にささっている見難《がた》い矢を抜いてくださいました。あなたは、悲しみに打ちひしがれているわたしのために、娘の〔死の〕悲しみを除いてくださいました。

いまや、そのわたしは、矢を抜き取られて、餓《う》え（妄執）の無い者となり、円《まと》かな安らぎを得ました。わたしは、聖者ブッダと、真理の教えと、修行者の集《つど》いに帰依します。」（同、五一―三）

最後のところでは三宝に帰依しているのであります。

さらに遊女までも釈尊に帰依しました。アッダカーシー尼は若かりし日の煩悶を述懐していいました。

〔遊女としての〕わたしの収入《みいり》は、カーシー（ベナレス）国〔全体〕の収入ほどもありました。町の人々は、それをわたしの値段と定めて、値段に関しては、わたしを、値のつけられぬ〔高価な〕ものであると定めました。

ところが、わたしはわたしの容色に嫌悪《けんお》を感じました。そうして嫌悪を感じたものですから、〔容色について〕欲を離れてしまいました。もはや、生死の輪廻《りんね》の道を繰り返し走ることがありませんように！　三種の明知を現にさとりました。ブッダの教え〔の実行〕を、なしとげました。（同、二五―六）

絶世の美女といわれた遊女アンバパーリーのことはすでに第三講で申しましたが、彼女も、老齢になるとともに美貌が壊れていきました。彼女は若いときには、商業都市ヴェーサーリーにおける最高級の遊女として他人から羨《うらやま》しがられ、マンゴー樹林などを所有し、富裕であり、栄華を極めていたのですから、落魄《らくはく》した彼女の運命は悲惨であったことでしょう。彼女の悲哀に満ちた嘆きが次のように伝えられています。

(昔は)わたしの毛髪は、漆黒《しっこく》で、蜜蜂の色に似ていて、毛の尖端《せんたん》は縮れていました。しかし、いまは老いのために、毛髪は麻の表皮のようになりました。真理を語るかた〔ブッダ〕のことばに、誤りはありません。

(かつて)わたしの頭は、芳香ある篋《こばこ》のように香りがしみこみ、花で覆《おお》い飾られていました。しかし、いまは老いのために、それは兎《うさぎ》の毛のような臭いがします。真理を語るかたのことばに、誤りはありません。

よく植えつけられてよく茂った林のように、〔わたしの頭は〕櫛やピンで髪を整え美しく飾られていましたが、いまでは、老いのために、そのあちこちが薄くなって禿《は》げています。真理を語るかたのことばに、誤りはありません。

黄金に飾られ、芳香あり柔らかな黒髪は、見事に束《たば》ねられて美しかったのですが、いまでは老いのために、その頭髪は脱《ぬ》け落ちました。真理を語るかたのことばに、誤りはありません。

かつて、わたしの眉毛《まゆげ》は、画家が描いたすばらしい画のように美しかったのですが、いまでは老いのために、皺《しわ》がより、たれさがってしまいました。真理を語るかたのことばに、誤りはありません。

わたしの眼は、宝石のように光り輝き、黒い紺色で、細く長かったのですが、いまでは老いのために害《そこ》なわれて、美しくありません。真理を語るかたのことばに、誤りはありません。

若き青春の頃には、わたしの鼻は、柔軟な峰のように、美しかったのですが、いまでは老いのために、干からびたようになっています。真理を語るかたのことばに、誤りはありません。

わたしの耳朶《みみたぶ》は、以前には、よく作られよく仕上げられた腕環《うでわ》のように、美しかったのですが、いまでは老いのために皺がより、たれさがっています。真理を語るかたのことばに、誤りはありません。

わたしの歯は、あたかも、芭蕉の新芽の色のように、以前は美しかったのですが、いまでは老いのために、それらは砕けて、〔あるいは〕麦のように黄ばんでいます。

真理を語るかたのことばに、誤りはありません。

森のなかの茂みを飛び廻るコーキラ鳥のように、わたしは甘美な声を出していましたが、いまでは老いのために、それは、あちこちでと切れます。真理を語るかたのことばに、誤りはありません。

わたしの頸《くび》は、昔は、よく磨かれて滑《なめ》らかな螺貝《ほらがい》のように、美しかったのですが、いまは老いのために、折れてくずれてしまいました。真理を語るかたのことばに、誤りはありません。

わたしの両腕は、昔は、円い閂《かんぬき》にも似て立派でありましたが、いまでは老いのために、バータリー樹のように弱くなってしまいました。真理を語るかたのことばに、誤りはありません。

わたしの手は、昔は、滑らかで柔らかく、黄金で飾られていましたが、いまでは老いのために、それは樹の根や球根のようになってしまいました。真理を語るかたのことばに、誤りはありません。

わたしの両方の乳房《ちぶさ》は、昔は、豊かにふくらんで円く、均整がとれて、上に向いていましたが、〔いまや〕それらは、水の入っていない皮袋のように垂《た》れ下ってしまいました。真理を語るかたのことばに、誤りはありません。

わたしの身体は、よく磨いた黄金の板のように、昔は美しかったのですが、いまでは、細かい皺で覆《おお》われています。真理を語るかたのことばに、誤りはありません。わたしの両腿《もも》は、昔は、象の鼻にも似て立派でありましたが、いまでは老いのために、竹の幹のように〔やせました〕。真理を語るかたのことばに、誤りはありません。

わたしの両脛《はぎ》は、昔は、滑らかな足環《あしわ》をはめ、黄金で飾られ、美しかったのですが、いまでは老いのために、それらは胡麻幹《ごまがら》のようになってしまいました。真理を語るかたのことばに、誤りはありません。

わたしの両足は、昔は、綿をつめた〔履《くつ》〕にも似て立派でありましたが、いまでは老いのために、それらはあかぎれを生じ、皺がよっています。真理を語るかたのことばに、誤りはありません。

このように、より集って出来ているこの身は、老いさらぼえて、多くの苦しみのむらがるところです。それは、塗料の剝《は》げ落ちたあばら家です。真理を語るかたのことばに、誤りはありません。(同、二五二―七〇)

あるいは社会的地位も高く、富もあり、現世的な楽しみに恵まれている人々でも、なお現世的なものに絶望して出家した人がおります。この世の栄華に恵まれている女人でも、なお悲運に襲われることがあった例として、イシダーシー尼の告白は悲痛に満ちています。

すぐれた都ウッジェーニーにおいて、わたしの父は、徳行の篤《あつ》い豪商でした。わたしは、その一人娘で、可愛がられ、喜ばれ、慈しみをうけました。

ときに、サーケータに住む名門の人から〔遣《つか》わされた〕仲人がやってきました。〔名門の人とは〕多くの財宝ある豪商で、父は、わたしをその人の嫁(子の妻)として与えました。

夕と朝には、姑《しゅうとめ》と舅《しゅうと》に挨拶のために近づき、教えられたとおりに、頭を〔かれらの〕足につけて敬礼しました。

わたしの夫の姉妹や兄弟や近親のうち、だれか一人を〔ちらりと〕見ただけでも、わたしは、畏《おそ》れはばかって、座をゆずりました。

食物、飲物、かたい食物、それにそこに貯えられているものを、喜んで持ってきて、そうして、〔適当な〕人に適するものを与えました。

時間に遅れることなく起きて、〔夫の〕住居に行き、入口で手足を洗い、合掌して夫のそばに近づきました。

櫛《くし》と顔料と眼薬と鏡を持っていって、婢女《はしため》のように、みずから夫を、装飾しました。

わたしは、自分で御飯を炊《た》き、自分で食器を洗いました。あたかも、母が一人っ子にたいしてなすように、わたしは、夫にかしずきました。（同、四〇五―一一）

ところがこのような幸福な結婚にも破局が訪れました。

このように、貞淑《ていしゅく》な態度で、夫に愛情をいだき、高ぶらず、早起きで、怠《なま》けず、婦徳がそなわっていたのに、夫はわたしを憎みました。

かれ（夫）は（かれの）母と父とに告げていいました。「許してください。わたくしは出て行きたいのです。わたくしはイシダーシーと同じ家の中で一緒に住みたくないのです。」

「息子よ、そんなことを言いなさるな。イシダーシーは賢くて、はきはきしている。早起きで、怠けたりしません。息子よ、何がお前の気に入らないのです？」

「かの女は何もわたくしを害したりしません。しかしわたくしはイシダーシーと共に住みたくないのです。ただ嫌いな女はわたくしには用がないのです。許して下さい。わたくしは出て行きたいのです。」

かれのことばを聞いて姑と舅とはわたくしに尋ねました、「お前はどんなことをしでかしたのだい。——打ち明けてありのままに言いなさい。」

「わたくしは何も悪いことはしませんでした。(夫を)害なったこともありませんし、(夫の欠点を)数えたこともありません。夫がわたくしを憎んで発するような悪いことばを、どうしてわたくしが口にすることができましょうか?」

憂《うれ》いまどえるかれら(両親)は、その子息の気持にしたがって、苦しみに打ちひしがれながら、わたくしを(わたくしの)父の家につれもどして、いいました、「われらは、子を護《まも》りながら打ちひしがれ、(人間の)かたちをした美しい幸福の女神に敗れたのです」と。(同、四一三—一九)

つづいてイシダーシーは第二の結婚をするが、それも破滅に終りました。

そこで(父は)次にわたくしを富める第二の家の人に与えました。(第一の)富商がわたくしを得て(支払った)結納金《ゆいのう》(身代金《みのしろ》)の半分をもって。

わたくしは、かれの家にも一ヵ月住みましたが、やはりかれもまたわたくしを追い返しました。――わたくしは婢女のように勤《いそ》しみ仕《つか》え、罪もなく、戒めを身にたもっていたのですが。（同、四二〇―二一）

彼女はさらに第三の結婚をしました。今度の相手は修行者だったのです。しかしそれも無残《むざん》な結末に終りました。

托鉢のために徘徊《はいかい》し、自ら制し（他人を）制する力ある一人の男（修行者）に向って、わたくしの父は言いました、――「あなたはわたくしの女婿《むこ》となって下さい。ボロ布の衣と乞鉢とを捨てなさい」と。

かれもまた半ヵ月住みましたが、そこで父に告げました、――「わたくしにボロ布の衣と鉢と飲む器《うつわ》とを返して下さい。もとどおり托鉢の生活がしたいのです。」

そこでわたくしの父と母と親族一同すべてはかれに言いました。――「ここであなたのためにしないことがあるでしょうか。あなたのためになすべきことは、直《す》ぐに言ってください」と。

このように告げられて、かれは語りました。――「わが自己が（自由である状態を〕得れば、わたくしはそれだけで充分なのです。わたくしは、イシダーシーと共に同じ家に一緒に住みますまい」と。

かれは追われて去りました。わたくしも独りで思いに耽《ふけ》りました。——「わたくしは許しを得て出て行きましょう、死ぬために。或いは出家しましょう」と。

（同、四二二—二六）

彼女を絶望の底から救ってくれたものは、仏の教えでありました。

そのとき尊きジナダッター尼は、托鉢のために遍歴しつつ、父の家に来られました。（かの尼さまは）戒律をたもち、道を学び、徳を具えた方でした。

かの尼を見るや、起って、かの尼さまのための座席を設けました。坐した尼の両足を礼拝し、食物をささげました。

食物と飲料とかむ食物とそこに貯えてあったすべてのものを飽《あ》くまでもすすめて、わたくしは言いました、——「尼さま、わたくしは出家したいと願うのです」と。

そのとき、父は、わたしに告げて言いました。——「娘よ、ここで〔家庭にあって〕、かの〔ブッダ〕の教えを行ないなさい。食物と飲物をもって、道の人や再生族

(バラモン)たちを供養しなさい。」

そこで、わたしは、掌を合わせ、泣いて、父に申しました。――「わたしは、悪《あく》業《ごう》ばかりをしてきました。わたしは、これを滅《ほろ》ぼしましょう。」

そのとき、父は、わたしに告げて言いました。――「さとりを得なさい。最高の真理を得なさい。両足ある者(人間)のうちで最も尊いかた〔ブッダ〕が実証された安らぎを得なさい。」

わたしは、母と父と親族一同のすべての者に挨拶して、出家しました。出家して七日目に、わたしは、三種の明知を得ました。(同、四二七―四三三)

アノーパマーという尼さんは、もと富商の娘で、容貌《ようぼう》も美しく、王子とか富商の子らから求婚されました。しかし、どういう理由によってであったかは不明ですが、彼女はこの世の楽しい生活に絶望を感じて、そして釈尊のもとにおもむいたのです。

わたくしは、世間における最上にして無上なる〈正しく覚《さと》った人〉を見て、その御足に敬礼し、片隅に坐しました。

かのゴータマ〔・ブッダ〕は、慈《いつく》しみをたれて、わたくしに真理の教えを説き示されました。……

それから、髪を切って、わたしは家から出て、家の無い生活に入りました。わたしは、妄執を涸《か》らしつくしてから、今日で、第七夜です。(同、一五四—一五六)

そのほか、莫大《ばくだい》な富を捨てることによって、精神的な楽しみを求める人もありました。彼らは等しく家を捨てて、釈尊のもとにおもむいたのです。

3 理想の共同

釈尊のもとにおもむいた人々は、世の苦しみ悩みから逃れて、自分の道を求めようとしました。人はその運命のぎりぎりのところに置かれた場合には孤独であります。その孤独についての自覚がなければならない。現実には、人は人に恋し執着して、恋《れん》着《ちゃく》して迷っている。しかし、人に頼るというその迷いを捨てなければならない。人は人に縛《ばく》せられ、人は人に依存する、人は人に損《そこな》われ、人は人を損う。人はどうして人を要することがあるでしょうか。人にとって他人が何の役に立つでしょうか。人は多くの他人を悩まして、しかも、他人を捨ててゆくのです。修行者は、人間が孤独であることを自覚して、孤独に徹します。人々から遠去かり、離れて坐し、一人で心を落ちつけて、統一して、瞑想するのです。最初期の仏教の修行者たちは、なるべく一人で住み、静かに修養の生活を送るように勧められていました。多勢の人々と一緒に住んでいると、とかく騒がしくなるからです。

ひとり坐し、ひとり臥し、ひとり歩み、なおざりになることなく、わが身をととのえて、林のなかでひとり楽しめ。(文庫本『ブッダの真理のことば』三〇五)

すなわち人々から隠れてひそかに存在する。経典は一人で存在する者を称讃しております。人は孤独であるときに自由である。もしも仲間がいるとわずらわしい。いつもじゃまされるおそれがある。だから人は独立、自由を目ざして、サイの角《つの》のように、ただ一人歩め、と教えています。

あらゆる生きものに対して暴力を加えることなく、あらゆる生きもののいずれをも悩ますことなく、また子を欲するなかれ。況《いわ》んや朋友《ほうゆう》をや。犀《さい》の角のようにただ独《ひと》り歩め。

交わりをしたならば愛情が生ずる。愛情にしたがってこの苦しみが起る。愛情から禍《わざわ》いの生ずることを観察して、犀の角のようにただ独り歩め。

（文庫本『ブッダのことば』三五―三六）

このサイの角のように一人歩めという言葉が、古い仏典では繰り返し出てきます。インド産のサイの角は一つです（アフリカ産のクロサイ、シロサイなどは二本の角がありますが）。そのように独自のものとして生きよ、という意味です。そこで山の中に隠れたり、あるいは岩くつの岩のさけ目に身を隠して瞑想《めいそう》いたしました。

これは当時のもろもろの宗教が行なっていたことでありまして、ジャイナ教でも、人はただ一人瞑想せよということを言うのです。そうすると当時の修行者というのは一種の隠者だったわけです。

また、人間に対する鋭い洞察《どうさつ》のことばがあります。

今のひとびとは自分の利益のために交わりを結び、また他人に奉仕する。今日、利益をめざさない友は、得がたい。自分の利益のみを知る人間は、きたならしい。

犀の角のようにただ独り歩め。（同、七五）

これはまさに現代の世相にも当てはまるということができるでしょう。ところで修養に勤《つと》めるということになりますと、自分は一人でいても、修養について指導してくれる人が必要になります。原始経典でも、一方では孤独な修行を勧めながら、他方では共同生活も必ずしも否定すべきではないということを認めている場合があります。

そこで、静かなところに住めという教えがあるとともに、また、よき友をもてという教えが一方で説かれます。

まじめに修行している人々のあいだでは、おのずから心の通い合いがあります。

もしも思慮深く聡明《そうめい》でまじめな生活をしている人を伴侶《はんりょ》として共に歩むことができるならば、あらゆる危険困難に打ち克《か》って、こころ喜び、念《おも》いをおちつけて、ともに歩め。（文庫本『ブッダの真理のことば』三二八）

4　集いの成立

さて、「人里離れた、奥まった、騒音の少ないところに坐臥せよ」というのと、「よい友だちと交われ」と言うのと、この二つの教えは相互に矛盾しているようですが、最初期の仏教の修行者にとっては必ずしも矛盾していなかったのです。

つまりよい友だちというものは世俗から逃れる、世俗の汚れから離れるという、その方向において一致していたのです。ですからおそろしいヘビ類の住むところ、暗黒の夜に電光ひらめき、雷鳴とどろくところで正坐し、孤独な坐を楽しめと教えながら、他方では、もしもそれを喜ばない人は、自己を守り、正しい思いをもって世俗から離れてよい友と住むべしということを言うのです。こうして、だんだんと積極的によい友と交われということを勧めるようになりました。

もしも聡明な友を得たならば、共に行ぜよ。もしもそうでなければ、一人で遍歴せよ、そういうことも言われております。さきほど引用しました文庫本『ブッダの真理のことば』第三二八詩のことば、「ともに歩む」には、パーリ語で「サッディムチャラ」(saddhiṃcara)という語が使われていますが、その意味は、共同する、高い目的のために協力するということです。ここに仏教のつどいの成立する思想的根拠が認められるのです。

つどいのことを「サンガ」(saṅgha)と申します。そして集団を形成したのです。原始仏教では釈尊の人格を慕って方々から人々が集ってきました。最初は釈尊は自分のもとに集ってきた人々のことを、ただ「わが人」(māmaka)と呼んでいました。そして釈尊に帰依する人々は、古くはすべて「弟子《サーヴァカ》」(sāvaka)と呼ばれておりました。そのもとの意味は、おそらく、教えを聞く人という意味であった、と思います。「サーヴァカ」と言うときには、出家修行者を意味することもありましたが、原始仏典の古い部分では、在俗信者、世俗の生活のうちにある信者のことを「サーヴァカ」と呼ぶことが非常に多いです。

「サーヴァカ」はサンスクリット語では「シュラーヴァカ」(śrāvaka)と申しまして、漢訳の仏典では「声聞《しょうもん》」と訳されます。「声聞」は、三乗の一つで、小乗仏教の教えを忠実に守り、実践しているという人のこと、つまり出家修行者のことを言う、と後代には一般に解釈されております。

けれども最初の時期の仏典では、今申しましたように、教えを聞く人というだけの意味で用いられ、ことに世俗の信徒のことを「サーヴァカ」と呼んでいます。これはジャイナ教における用例と一致します。古い時代にジャイナ教でも「サーヴァカ」とは、世俗の信徒、つまり在家の人を意味していたのです。

ジャイナ教と共通だということは、おそらく仏教が興った時代の一般宗教界で用いられていた呼び名をそのまま取り入れたものでありましょう。ここでは出家修行者も、在俗信者もともに教えを聞く人という資格において考えられています。仏弟子でありますし比丘《びく》、修行僧は「仏の子」と言われております。あるいは「仏の実子、仏の後継者、跡継ぎ」という言い方もあります。尼僧のことは「仏の実の娘」と呼ばれています。ともかく「教えを聞く人」という場合には、弟子で出家者である人々以外の人々をも含むし、また、出家者と在家者とを含む、非常に広い呼び名です。

何でもない右の平凡な事実から、われわれは次の重大な特徴を読み取ることができるのです。第一に、「仏の徒弟」という表現が、最初期の仏教には見あたりません。徒弟のことは「アンテーヴァーシン」(antevāsin)と言います。近くに、あるいは内に住む人、内弟子です。インドの職人の間でも、師匠と弟子の関係はきちんと決まっていました。「徒弟」ということばは使ってない、ということは、仏と比丘との間には、親方と徒弟の関係は持ち込まれていないわけです。ただ教えを聞く人ということばが使われているだけです。

教団における指導者と被指導者との関係を、親方と徒弟とのそれに比べて考えるというのは、古代末期あるいは中世のギルドの構成に対応させて考えられたことではないでしょうか。釈尊が普遍的な教えを説く。人々がそれを聞く、その聞くという仕方において皆が仏弟子なのです。狭く、「これは弟子である、これは弟子でない」などという区別を立てることはなかったのです。

第二に、尼僧は仏の実の娘にたとえられています。「仏の花嫁」という観念はかつて存在しなかったのです。この点は仏教徒にとってはあたりまえのことですけれども、ほかの宗教と比べてみて、非常な特徴なのです。わたくしは、他の宗教すべてを、いちいち比べるだけの知識をもっていませんけれども、たとえばカトリック教で尼さんになるというのは、イエスと結婚するわけです。だから「おとめ」でなければいけない。尼僧というのは、イエス・キリストの花嫁にたとえられる。ところが、仏教にはそういう観念が全然ありません。

後代のインドになりますと、神様に焦がれる気持ちを表明するのに、恋愛にたとえることがあります。これはどうして起ったか、私も深くたどっていませんが、あるいはイスラムの影響だと言った人もございますが、よくわかりません。

出家修行者となるということは、場合によっては大変なことです。行きどころのない人が行くというのは考えられますが、そうではなくて、財産を、地位を捨てて出家修行者になるというのは容易なことではありませんでした。経典によりますと、ジョーティパーラという青年が陶器をつくる職人のガティーカーラに向って「あなたは仏さまの教えを伺ったんだから、出家してはどうですか」と勧めたのに対して「君、ジョーティパーラよ、私が盲目で年老いた父母を養っているのを知らないのですか」と言って反問する。だから教えを聞いただけでは出家しない人もいたわけです。そこでついにジョーティパーラが、彼のかわりに出家した、そういう記事もございます(パーリ原典協会本『マッジマ・ニカーヤ』第二巻四五ページ以下)。

ところで、教えを聞く人、これを分類しますと、出家者と世俗の人と二通りあるわけです。出家者には男性と女性があります。男性の修行者は「ビック」(bhikkhu 比丘)、女性は「ビックニー」(bhikkhunī 比丘尼)と呼ばれる。「ビック」というのは乞う人という意味です。彼らは生産に携《たずさ》わらない、托鉢、乞食《こつじき》によって生活していたので、そのように呼ばれるのです。「ビック」と申しますのは、もともとバラモン教で、家を捨て、この世から逃れて、托鉢、乞食によって生活し、常に絶対者ブラフマンを念じている人のことを言ったのです。

南アジアには、ビックは今日なお多勢おります。昔ながらの生活を続けていますが、これはたいしたものです。托鉢して回ります。そうすると家の主婦が出てきて、一番のごちそうをあげるわけです。お坊さんはそれを鉢へ受けますが、「ありがとう」も言わないのです。お坊さんはもらって威張っています。

なぜかといったら、世俗の人は平生はちりにまみれて汚れている。けれども仏さまの弟子であるビックに布施をすることによって功徳を積むことができます。だから、「ありがとうございます」と言うべきは汝ら俗人どもであるぞよという、そういう観念があるのです。

私は先年セイロンへ参りましたが、大僧正のお屋敷に泊めていただきました。そうすると大僧正さまは威張ったものですよ。特別の場合でなければ、大僧正は外へ出ていかない。私がセイロン人の招きを受けて出かけようとすると、大僧正のごきげんが悪い。なぜかというと、——あなたは私のお客である、だから威厳を保っていなければならない。どうぞおいでください、ごちそうしますからなどと言われて、のこのこ出かけるのは、ふさわしくない。

ただ、大統領だけは呼びつけるわけにはいかないから、大統領のところへはあなたを連れていってやる。それ以外はみんなこちらへ来させなければいけない、と言う。威張ったものです。大統領のところへ行きましたが、大統領は自分の部屋から出てきて、広々としたところで謁見《えっけん》するわけですが、その大僧正に向って合掌するのです。大僧正はツンとしています。威張ったものです。昔からの戒律を見ますと、「出家者は在家人に礼をなすべからず」という戒律があるんです。それが南アジアではまだ残って生きているわけです。

これが北アジアになると違います。ダライラマの場合はもう違います。ダライラマは、外国人で世俗の者である私なんかに対しても合掌なさるのです。これは日本に来られたときだけではありません。インドでお会いしたときもそうです。

つまり大乗仏教になると、一切衆生悉有仏性ということを深く感じているために、謙虚になるのではないでしょうか。南アジアのほうは昔ながらのそういう習俗が残っていまして、だから乞食によって生きているけれども、威張ったものです。

尼さんのことですが、第一講で言及しましたように、インドに婦人の修行者がいたということを、ギリシア人のメガステネースが旅行記に書いています。この人は西暦前三〇〇年ごろに、シリアの王さまからインドの宮廷へ派遣された大使です。その人が『インド見聞記』をギリシア語で書きまして、今日《こんにち》ではなくなりましたけれども、その引用文がいろいろの書物に伝えられていて、ギリシア語またはラテン語で読むことができますが、その中で尼さんに言及しているらしいところがあるのです。婦人であって道を修行する人のことを説いております。

「彼ら乞食して回る者どものうちで、優雅にして上品な人々は、敬虔《けいけん》と神聖性とのために必要であると考える冥府《めいふ》についての世俗的見解を離れていない。独身で淫《いん》楽《らく》を断《た》った婦人たちが彼ら修行者たちのうちのある者どもとともに哲学するが、彼らはヴィーナス神に属することどもから離れている。」（『メガステネース断片』四一）

直訳するとそういう文章です。これがどの宗教のことを指すのかよくわかりませんが、仏教あるいはそれに近い宗教を含めて言及していると考えてよいでしょう。当時の仏教の修行者は他の宗教のそれに比して、確かに優雅にして上品な人々であります。極端に走ることなく、健全な、道徳的生活を行なう。アショーカ王以後の時代における発展の可能性をひそめておりました。

「冥府についての世俗的見解を離れていない」というのは、仏教やジャイナ教などが方便説として輪廻あるいは地獄の説を説いていたことを指しているのでしょう。「独身で淫楽を断った婦人たちが、彼らとともに哲学する」と述べてあるのは、尼さんのことです。つまり独身であった。そして高度の哲学的な事柄をも男性の修行者にまじって論議していた。尼さんの中でもなかなか難しい議論を述べた人のいることが、パーリ語仏典の中に伝えられております。

ジャイナ教は当時、尼さんがいなかったと考えられます。そのわけは、ジャイナ教は、当時は「裸形派《らぎょうは》」と申しまして、行者は真っ裸だったのです。何も身につけない。そこで尼僧は存在しにくかった。後代になりますと白い衣をまとうことをジャイナ教でも許すようになります。そうなると、尼僧も出てくるのです。

仏教に関しても同様の疑問がもたれるのですが、一番古い経典と見られている『スッタニパータ』の中には尼僧のことが出てきません。伝説によりますと、釈尊は婦人が出家して尼僧となることを許さなかったが、彼のおばで養母であるマハー・パジャーパティーが弟子になることを切にお願いした。そこでついに八種の条件を厳守するならば、婦人の出家を許すことにした。これが尼僧教団成立の由来であると言われています。

それは原始仏教のある時期、釈尊の在世中に行なわれたのでしょうから、メガステネースが来たときには、仏教教団でも尼僧がいたと思われます。だからそれを指している可能性が多分にあるのです。尼さんの感懐あるいは尼さんについての詩を集めた経典『テーリーガーター』(文庫本『尼僧の告白』)に、「女人であることがどうして妨げとなろうか」という文句があります。

ただ婦人の哲学者がいるということは、ギリシア人にとってはやはり驚異だったと思います。当時のヘレニズム世界には、尼僧の教団というものはなかったわけです。西洋で尼さんの教団が現れるのはキリスト教以後ですから、ずっとあとになる。

ただ、原始仏教は尼僧の教団を認めていましたけれども、やはり男性中心でありました。これは戒律を見るとわかります。これは理解できないことではないのです。西洋でも同じことです。尼僧の教団、尼寺の中でも男性が儀礼の中心であるということを、私は実際に見聞したことがあります。

何年か前にウィーンで、キリスト教徒と仏教徒とが対話をする学会が開かれて、私も出席いたしましたが、大学のゲストハウスとか旧式のホテルにはお風呂がありませんので、宿舎としてコンヴェント(尼寺)が提供されました。尼寺といっても最新式の、日本でいうマンションであります。ある区画がお客を泊めるようにできているわけです。

ところでその尼寺では、朝七時十五分からお勤めが始まります。尼さんたちは黒い衣を着て坐っています。ところが一段高い祭壇の上に、男性の僧が赤い衣をまとって坐って、そして神聖な文句を読み、祈禱《きとう》しているのです。剃髪《ていはつ》していないから世俗人のような頭に見えました。ここでは明らかに男性の僧が尼さんたちを指導しているわけです。その点では仏教における律蔵の規定に対応しています。

最初期の仏教徒は道、法(ダルマ)を求めるという意識が強く、したがって、特別な宗派意識がなかったわけです。また、教団をつくって、ほかと対立するということもなかったのでしょう。そこで仏教教団の所属員であるということを示す特殊な呼び名も成立しておりませんでした。しいて、他のもろもろの宗教から区別する呼び名があったかと申しますと、「釈迦《しゃか》族の者」という言い方をしたのです。「サーキャブッダ」あるいは「シャーキャ」と申します。また碑文を見ますと、サンスクリット語で「バウッダ」と申します。これはブッダに由来するのです。この場合に「釈迦族の者」というのは釈迦族という呼び名が仏教徒の意味に拡張されたのであります。

アショーカ王のころになりますと、「サンガ」(saṃgha)ということばで仏教教団を表わしております。出家者としてはビック(bhikkhu)とビックニー(bhikkhunī)、在家者としてはウパーサカ(upāsaka 優婆塞《うばそく》)とウパーシカー(upāsikā 優婆夷《うばい》)、この四つを四衆《ししゅ》と申し、それがサンガなのです。ただし「サンガ」というときにはいろいろな意味合いがあって、出家者だけを意味している場合と在家の者を含めて言う場合があります。

なお、出家者について申しますと、ごく古い詩では、修行者のことを「仙人」と呼んでいる場合が多いのです。パーリ語では「イシ」(isi)、サンスクリット語では「リシ」(ṛṣi)と申します、釈尊のことも「仙人」と呼んでいます。

ところが、のちにできました散文の部分では「ビック」と呼んでいる場合が多い。漢訳仏典について調べてみますと、おもしろい記述があります。釈尊がベナレスの郊外の鹿野苑で最初に説法をした。そこで仏教教団も成立するわけですが、そこには、釈尊を以前に捨てた友人が五人いたのです。その五人の友人のことを、『仏本行集経』というお経では「五仙人」と呼んでいます。ところが、彼らが釈尊に帰依してあとは「五比丘」と書いてあるのです。そうすると「仙人」というのは仏教外の宗教と共通の呼び方であり、仏教に帰依すると「ビック」になったということが言えると思うのです。

初期の仏教では、釈尊にただ、「来たれ」(「エーヒ」ehi)と呼びかけられて、釈尊に帰依するようになる。それが修行僧としての受戒でありました。あまり複雑な儀礼は最初にはなかったわけです。

「エーヒ」ということばの意味ですが、「こい」という命令語ですけれども、ヴェーダ文献によりますと、呼びかける相手が異なるに従って別々のことばを用いるのです。サンスクリット語には日本語のような敬語法はありません。けれども、そこで用いることばによって、尊敬の意味あるいは軽蔑の意味が含まれるわけです。『ブラーフマナ』というバラモン教の祭式文献によりますと、バラモンに対しては「エーヒ」（いらっしゃい）という言い方をするのです。庶民（ヴァイシャ）に対しては「アーガッチャ」（来なさい）。王族（クシャトリヤ）に対しては「アードラバ」（走ってきなさい）。シュードラ、一番下の者に対しては「アードハーヴァ」（急いでこい）という言い方をするのです。それぞれていねいの度合いを異にしています。

ところで、釈尊は新しく教団に入ろうとする者に対して「エーヒ・ビック」と呼びかけています。「修行者よ、いらっしゃい」という言い方です。そうするとバラモン教の観念からすると最上級のていねいなことばを使ったことになります。つまり釈尊は、万人は平等である、現実的には、いろいろな人間ではあるけれども、内に潜《ひそ》むものを見れば、すべて平等であるということがよくわかります。だから新参の者に対してもていねいな言い方をしたということが、この点からもわかるのです。

そこで釈尊の人格を慕って人々があちこちに小さな集団、つどいを形成しました。信徒のうちには出家修行者と在俗信者との両種類がありましたが、教団の中心を構成していたのは出家修行者であります。成立途上にある当時の教団は、教団としての特別な呼び名をもっていませんでした。ただ彼らは森の中に集って教えを聴聞《ちょうもん》し、修行していましたから、彼らの集団のことを「ビック・サンガ」つまり、「仙人たちの集り、修行僧たちの群れ」と呼んでいます。だから仏教成立最初の時期には、教団のことを、ただ集りとか群れを意味する「サンガ」ということばで呼んでいました。

「サンガ」ということばがシナに伝えられたときに、それを何と訳すか、シナ人は困ったのだと思います。ときには「衆」と訳すこともありますが、しかしなかなか訳しにくいからというので、「僧伽《そうぎゃ》」という字で音を写したのです。ことに玄奘三蔵は「伽」という字を付けて写すべきであるということを主張したのですが、古い時代には「僧」という一字だけ使ってあることもあります。これだけでもいいんだろうと思います。

と申しますのは、中央アジアにサンスクリット語が伝えられていきますと、中央アジアの言語では最後のaが落ちて、「サング」という発音だったと思われるのです。それをこの「僧」という一字で写したわけです。だから音写にすぎないのですが、しかし、この字を使いますと、人が集っているという印象を与えますね。それで「僧」という字があてられるようになった。仏教のお坊さんのことを「僧」と呼ぶのはここに由来するのです。

「サンガ」ということばは、もとは集りあるいは団体を意味していました。単なる集りから続いて集団、集会、会議を意味するようになり、のちには転じて経済上の組合(ギルド)のことを言うようになりました。それから政治上の共和国または寡頭制《かとうせい》国家のことをも「サンガ」と呼ぶことがあります。また友邦の連合、同盟のことをそう呼ぶこともあります。仏教ではこの「サンガ」に神聖な意味を認めるようになったのであります。

いずれにしても、「サンガ」は集合、集団を意味していました。だから仏教教団の運営様式を見ますと、当時の組合あるいは共和国の運営様式が取り入れられているのです。たとえば投票ということがその顕著な例です。ともかく最初から転化された意味に至るまで、集団、集合を意味していたのですが、それをシナで「僧」という字で写しまして、それが日本へきますと、「僧」という字は個々のお坊さんを意味するようになりました。

これには民族の思惟方法と申しますか、ものの考え方が顕著に影響していると思うのです。インド人はどちらかというと孤独を尊ぶ。さっき申しましたメガステネースも『インド見聞記』に、インド人たちは、ご飯のときに一緒に食べないで別々に食べる、一緒にご飯を食べたほうがにぎやかでおいしいだろうに、と書いているのです。それはギリシア的な受け取り方です。けれどもインド人は個に徹する面がある。むろんカーストに属するという意識はありますけれども、自分自身、アートマンを見つめるという傾向がある。

ところが、シナを伝わって日本へきますと、日本人は個に徹するというよりも、むしろ集団への帰属意識のほうが強い。ある文人が言っておられましたが、西洋では個人個人が別々でばらばらだ。日本では人々が重なり合って生きていると言うのです。この批評は当っていると思います。日本にはいろいろな集りがあります。団体もある。西洋のようにゲマインシャフトとゲゼルシャフトをはっきり区別することが困難です。つまり利益社会と共同社会とでも申しますか、この区別が日本では成り立たない。利益社会といえども共同社会的な特性をもっているわけです。日本語の使い方を見てごらんなさい。複数を意味する言葉が個体を表す言葉として使われます。たとえば「一人の子供」という言い方があるでしょう。「とも」なら複数でなければならない。ところが一人の子のことを「一人の子供」と言う。同じように、「一人の兵隊」とか、「一人の若い衆」という言い方もあります。「隊」とか「衆」は、複数を表わすことばのはずです。

つまり日本人の場合には、個人の帰属意識、何らかの団体に属しているという意識が強いわけです。

最近ドイツ人の銀行家と話す機会があったのですが、その銀行家は日本にきて何年か住んでいる人です。彼によれば、ドイツでは「あなたはどなたですか」と聞かれた場合に、自分はミスター中村だと言って、電気技師であるとか、医師である、とか先ず言って、次に今どこそこの会社で働いているとか、どこそこの病院に勤めているとか、そういうぐあいに自己紹介をするけれども、日本人はそうは言わない。まず名前を言って、次に「私は○○工業の社員である」とか「私は△△商事の社員である」と言って、最後に、今の会社では何をやっていると言う。ドイツ人と逆だ、と言うのです。

つまり、ドイツ人は個々の人が自分の技能はこれだ、ということをまず自覚する。ところが日本人は、自分が属している団体をまず意識しているわけです。そう言われてみると、その特徴は十分にあると思います。

そういうぐあいに言葉の用例も変ってきたわけですが、その変ってくるというところに、民族によるものの考え方の違い、と同時にそれぞれの民族に即して仏教が生きている度合い、ニュアンスの違いというものをご了解いただけるかと思います。

森の中に幾人かが集る場合に、そこに「サンガ」が成立いたします。そしてそこで釈尊の教えを聞いたわけです。森と言いましても、インドの森というのは日本みたい

に下草が茂っていない。木がポツン、ポツンとあるだけです。だから森の中に集ると
いうことも楽にできたわけです。
このつどい、サンガというものが、これがやがて神聖なものと考えられるようにな
ります。そこで仏・法・僧と、三つが並べられまして、「三宝《さんぼう》」という言い方が成立
しました。
仏教教団がある程度まで確立したときの教えを、次の経典の詩句が、よく表現して
います。

さとれる者(=仏)と真理のことわり(=法)と聖者の集《つど》い(=僧)とに帰依する人は、
正しい知慧をもって、四つの尊い真理を見る。――すなわち(1)苦しみと、(2)苦
しみの成り立ちと、(3)苦しみの超克と、(4)苦しみの終滅《おわり》におもむく八つの尊い
道(八聖道)とを(見る)。
これは安らかなよりどころである。これは最上のよりどころである。このよりど
ころにたよってあらゆる苦悩から免れる。
尊い人(=ブッダ)は得がたい。かれはどこにでも生れるのではない。思慮深い人
(=ブッダ)の生れる家は、幸福に栄える。

もろもろのみ仏の現われたまうのは楽しい。正しい教えを説くのは楽しい。つどいが和合しているのは楽しい。和合している人々がいそしむのは楽しい。
すでに虚妄《きょもう》な論議をのりこえ、憂いと苦しみをわたり、何ものをも恐れず、安らぎに帰した、拝むにふさわしいそのような人々、もろもろのブッダまたはその弟子たちを供養するならば、この功徳はいかなる人でもそれを計ることができない。
（文庫本『ブッダの真理のことば』一九〇―九六）

ここでは、〈仏〉と〈法〉と〈僧〉との「三宝」で仏教全体をくくっています。仏教世界のどこにおきましても、仏教徒である最小の条件は何かということになりますと、三宝に帰依するということでありましょう。というのは、仏に帰依し奉る、法に帰依し奉る、僧に帰依し奉るということが、言葉は違いましても、どこの仏教諸国でも、どこの仏教民族でも行なわれていることなのです。

成立史的に申しますと、おそらく法、ダルマの観念が一番先に出てきて、次にそれを自覚したブッダの観念が出てきて、それからそのもとに集るサンガが自覚されるようになってきた、というふうに言えましょうけれども、一応まとまりますと「三宝」

というものが、仏教の印《しるし》になったわけです。

そこで古いインドの彫刻を見ますと、バールフットやブッダガヤーの彫刻にも出ておりますが、三宝標というのがあるのです。上が三つに分れています。これは美術の学者によりますと、シヴァ神が三叉に分れた槍を持っていますし、インドの行者の持っている杖も上が三つに分れていますから、それから来たのだろうと言われていますが、よくわかりません。文献的にはっきり立証できないのです。

サンガは、狭いカーストとか民族の差を超えて、広く世の中に行きわたるものでありますす。サンガのことを「チャートゥディサ」(cātuddisa)、四方に行きわたるサンガと申します。「チャートゥ」というのは「四つ」という意味です。フランス語の「カトル」と語源的に同じです。「ディサ」というのは方角という意味です。

つまり釈尊の教えを奉じ、実践するサンガというものは、あらゆる方向に、東西南北、どこまでも広く行きわたるものである。また、個々のサンガの成員、修行者も、「チャートゥディサ」と呼ばれていることがあります。民族の差を超え、カーストの差を超え、正しい理法を実践し、実現しようと、どちらへでもおもむいて行く人、それが〈四方の人〉なのです。これは仏教独特の観念であります。

これを漢訳仏典では「招提《しょうだい》」と訳しています。奈良に唐招提寺《とうしょうだいじ》というお寺があります。鑑真和上《がんじんわじょう》に由来するゆかしいお寺で、戒律が保たれ、古い仏像が多く保存されていることは皆さんご存じですけれども、この「唐招提寺」という名前の由来は案外ご存じない。「唐」というのは鑑真和上が唐の国からいらしたから「唐」とつけるわけです。「招提」というのは〈四方の人〉という理想がそこに生きているのです。

「チャートゥディサ」ということばをドイツのある学者が「ヴェルトビュルガー」(Weltbürger)、世界市民と訳しておりますが、いわゆるコスモポリタンという意味でしょうね。コスモポリタンという理想はヘレニズム時代に出た考え方ですが、近代でもカントが『永遠の平和のために』という本を書いております。いまのように国々が分れて権謀術数《けんぼうじゅっすう》を弄《ろう》して戦争をしていては困る、永遠の平和はどうして樹立したらいいかということを論じているのですが、結局めいめいの人々が世界市民となるように努めるべきであるということを言っているのです。それに通ずるところがあるかと思います。

「世界市民」というような抽象的な表現ではなくて、すでに古代インドにおいて〈四方の人〉という非常に具象的な理想が掲げられました。いかにも世界全体を見渡して、高い一つの理想のもとに人々が共同するという精神が出ていると思います。この精神があるために、鑑真和上は何回も苦難にあいながらも、日本へ仏法を広めたいと思って、とうとう渡日の理想を実現したのです。

さらに和上と前後して東大寺の大仏開眼《だいぶつかいげん》の導師を勤めたのはバラモン僧正という方です。これはインド人です。その姓は漢字で記されているのですが、バーラドヴァージャと言います。霊鷲山《りょうじゅせん》から来たと言うのですが、これはどこまで本当かよくわかりませんけれども、少なくともインド名の人であった。そしておそらくバラモンの出であったということはわかるわけです。

その方が仏法を広めて、海を渡って東海の孤島にまでたどり着き、そして大仏開眼の導師となった。これは大変なことだと思います。そのお墓が、奈良の富雄というところの霊山寺にあります。ラージギルの遺跡の東北方のあたりに高い山があって、釈尊が説法をしたところですが、あれが霊鷲山です。そこから来たとその僧正は言ったと伝えられたものだから、それを取っておそらく霊山寺と名づけたのでしょう。

今日も霊山寺は有名でして、温泉が出るそうです。大ぜいの人がお参りしまして、なかなか栄えています。私が訪ねたとき、観光バスを案内している娘さんが、その墓を知らないのです。私が「ここにバラモン僧正のお墓があるはずだ」と言いましたら、「そんなもん、ありまっか」と言うのです。お寺さんの本坊に行ってもはっきりしない。そうしたら昔からの由緒を知っている古老の方が出てきまして、あの山の丘の上に畑がある、その横にお墓があると教えてくださり、お参りしましたら、本当に宝篋《ほうきょう》印塔《いんとう》がありました。バラモン僧正ははるばる日本の国まで来て、苔むす中に葬られて、人の記憶からも忘れられているが、はるばる日本まで来たということは、仏法を日本に伝えようという強い精神があったからです。

当時のアジア大陸の人から見れば、日本というのは未開の国だと思われていたでしょう。日本というところに来たら、インド人の好きなカレーなんか食べられません。カレーなんか食べないという悲壮な覚悟があったに違いないのです。そのほか風土も違いますし、生活は楽じゃなかったと思います。それを押してこの国まで来た、この熱意というものは大変なものだと思います。それは〈四方の人〉として教えを広めたい、サンガは全世界のものとなるべきであるという、この高い理想があったからこそ、鑑真和上にしても、バラモン僧正にしても、この日本の国まで来て、そのおかげで仏法がわが国においていろいろな形で生きているわけです。

そう思いますと、過去はすべて消え去ってしまいましたけれども、昔の方の高い、崇高な精神というものは、皆さまのなかに生きている、その思いを切に感ずるのであります。

第七講　慈悲の理想——人間はどう生きるべきか

1　慈　悲

人間の遵奉《じゅんぽう》し実行すべき理法のうちで、特に根本的なものとして強調されるのは、〈慈悲〉ということです。仏教は慈悲の教えであるということは、あまねく言われています。この慈悲は狭い既成宗教としての仏教だけに限らず、あまねく行きわたり実現されるべき精神だと思いますので、この点を少しく考察してみたいと思います。

「慈悲」というのはどういうことか、もとのことばで申しますと、「慈」はサンスクリット語で「マイトリー」(maitrī)と言います。インドで友人のことを「ミトラ」と言いますが、これはそれからつくられたことばです。真実の友情、友人同士が純粋の気持をもって相対《あいたい》する心情、これが「マイトリー」であります。この「マイトリー」から「マイトレーヤ」ということばがつくられました。これは真の友情を具現した人という意味ですが、これを漢訳で「弥勒《みろく》」といいます。弥勒菩薩《ぼさつ》のことです。

それから「悲」と言うのは「カルナー」(karuṇā)というインドのことばを訳したものです。これは同情、あわれみという意味であります。「悲」という字は、今日では悲しみという意味に使われておりますけれども、必ずしも常にそうではなくて、シナの六朝時代の用法を見ますと、あわれみという意味で使われております。つまり、他の人が悲しむならば、自分も共に悲しむ、だから「あわれみ」となるわけです。したがって「同情」、「やさしさ」、「あわれみ」、「なさけ」というような意味をもってくるのです。どちらも実質的にはそう変りがない。そこで片一方だけを使うこともありますし、両方並べて一つの観念と見なすこともある。シナ、日本では「慈悲」として、一つの熟語として使うことが行なわれております。

「慈」と「悲」はどう違うかということが、古来いろいろ仏教で論議されておりま す。たとえば「慈」というのは同胞に利益と安楽とをもたらそうと望むことである。それから「悲」というのは同胞から不利益と苦しみとを除こうと欲することであると言われまして、この解釈が大乗仏教にも受け継がれております。むろん、それと違う解釈も出ておりまして、たとえば「慈」のほうは苦しみを抜く、即ち抜苦であり、「悲」のほうは楽しみを与える、即ち与楽であると解釈することもなされております。こういう解釈、ことに最後の解釈はシナの天台宗に採り入れられまして、それが日蓮上人に受け継がれ、「慈」は父の愛、「悲」は母の愛にたとえられるというようなことを言っております。

たとえばこういうことを言います。病気の時にお灸《きゅう》をすえれば治るということがわかっていても、母親は子供に苦痛を与えることをどうもいやがって、お灸をすえようとしない。しかし父のほうはたとえ一時的には子供に苦痛を与えることになっても、結局、病を治すものであるということを知って、無理にでも灸の治療を行なう。そういうところに、父の愛と母の愛の違いがある。細かに申し上げますと、まだ解釈はいろいろなされておりますけれども、その基く根本の気持は慈にしても、悲にしても違いはない。どちらも他人を思いやる気持であります。そこから仏教の実践哲学が展開されてくる。その根本のものであるがゆえに、こういう解釈も成り立っているわけであります。

2　慈悲の徳

それでは次に、現実に慈悲の徳がどう具現されるかということを歴史的に申し上げます。

慈悲の徳ということは原始仏教以来説かれておりまして、すでに原始仏教においても、人間の宗教的実践の基本となるものは慈悲の精神であると考えておりました。この場合の慈悲をなんといったらいいか、説明はさきほど申したとおりでありますが、簡単に言うと、愛の純粋化されたものであるということが言えるでありましょう。

人間における最も顕著な例は、と申しますと、母が子に対して抱く愛情のうちに認められると思われます。母親が自分の子供を思う気持、それは純粋なものです。その気持がほかの人にも及ぼされるべきである、そう考えたのです。ですから母親が自分の身命を忘れて子を愛するのと同じ心根をもって万人を愛すべきである。いな、もしできれば一切の生きとし生けるものを愛すべきであるということを強調しております。『スッタニパータ』の中に、「慈しみ」(mettā)と名づける一節があります。その一節がまた独立の一つの経典と見なされることもあります。

その節全体をご紹介しますと、

究極の理想に通じた人が、この平安の境地に達してなすべきことは、次のとおりである。能力あり、直く、正しく、ことばやさしく、柔和で、思い上ることのない者であらねばならぬ。

足ることを知り、わずかの食物で暮し、雑務少なく、生活もまた簡素であり、諸々《もろもろ》の感官が静まり、聡明《そうめい》で、高ぶることなく、諸々の(ひとの)家で貪《むさぼ》ることがない。

他の識者の非難を受けるような下劣な行ないを、決してしてはならない。一切の生きとし生けるものは、幸福であれ、安穏《あんのん》であれ、安楽であれ。

いかなる生物生類《しょうるい》であっても、怯《おび》えているものでも強剛なものでも、悉《ことごと》く、長いものでも、大きなものでも、中くらいのものでも、短いものでも、微細なものでも、粗大なものでも、

目に見えるものでも、見えないものでも、遠くに住むものでも、近くに住むものでも、すでに生れたものでも、これから生れようと欲するものでも、一切の生きとし生けるものは、幸せであれ。

何ぴとも他人を欺《あざむ》いてはならない。たといどこにあっても他人を軽んじてはならない。悩まそうとして怒りの想いをいだいて互いに他人に苦痛を与えることを望んではならない。

あたかも、母が己《おの》が独《ひと》り子を命を賭けても護《まも》るように、そのように一切の生きとし生けるものどもに対しても、無量の(慈しみの)こころを起すべし。

また全世界に対して無量の慈しみの意《こころ》を起すべし。

上に、下に、また横に、障害なく怨《うら》みなく敵意なき(慈しみを行なうべし)。

立ちつつも、歩みつつも、坐しつつも、臥《ふ》しつつも、眠らないでいる限りは、この(慈しみの)心づかいを確《し》っかりとたもて。

この世では、この状態を崇高な境地と呼ぶ。

諸々《もろもろ》の邪《よこし》まな見解にとらわれず、戒《いましめ》を保ち、見るはたらきを具《そな》えて、諸々の欲望に関する貪《むさぼ》りを除いた人は、決して再び母胎に宿ることがないであろう。

(文庫本『ブッダのことば』一四三―五二)


この経は、南アジア諸国では特に重んぜられていまして、この経を唱えると、障害から身を護ってくれるとさえ考えられています。ある場合には父母親族が自分にしてくれる以上のことを、もろ人のためになそうと心がけねばならぬということも言っております。修行者はあわれみの心をもった人でなければならない。実にいい句だと思うのですが、また修行者の心境を述べたものとしてこういうことばが伝えられております。

われは万人の友である。万人のなかまである。一切の生きとし生けるものの同情者である。慈しみの心を修めて、つねに無傷害を楽しむ。

（文庫本『仏弟子の告白』六四八）

世の他人は自分を敵と見なし、あるいは自分の悪口を言うかもしれない。けれども自分のほうからは万人を友と見なす。もし悪口を自分に対して言う人があるならば、静かに考える。ああ、なるほど、こういう因縁《いんねん》でもって、あの人はああいうことを言うのだ、ああいう仕打ちを私に対してするのだ。そう思って因縁の因果関係をずっとたどって分析して解釈しますと、向うの人個人に対する憎しみの気持というものはだんだん消えていくわけです。無傷害を楽しむ。無傷害を意味する語として原文では「アヒンサー」(ahiṃsā)という言葉を使っております。「ヒンサー」というのは害すること、「ア」というのは打消しの意味の接頭語です。この「無傷害」ということは、ことばで他人を傷つけない、他人と争わない、ということにもなります。

真理は一つであって、第二のものは存在しない。その(真理)を知った人は、争うことがない。かれらはめいめい異なった真理をほめたたえている。それ故に諸々の〈道の人〉は同一の事を語らないのである。（文庫本『ブッダのことば』八八四）

無傷害ということは、仏教で特に強調することですが、仏教と同時代に興りましたジャイナ教でも、生きとし生けるものをあわれめ、人に害を加えてはならない、と言うのです。この思想は今日にずっと受け継がれております。これがインドでは現実に生きているのです。私たち日本人の間にも、やはり仏教を通じて生きものをあわれむ、殺生《せっしょう》をきらうという思想は生きております。けれどもインドではまた別の形でもっと強く生きております。たとえばインド人はご承知のように牛を大事にします。かれらは牛を決して殺しません。牡牛は耕作に使い、牝牛は乳をしぼるために使います。ところが年をとると役に立たなくなる。これがよその国でしたらそこでバッサリやってしまうわけです。ところがインドではそれはやらない。それでは役に立たなくなった牛はどうするかと申しますと、インドにはガンジス河のほとりに牛のサナトリウム（療養所）ができておりまして、役に立たなくなった牛はそこで余生を送る。牛が全く自由を享受《きょうじゅ》しております。

またインドの町には牛が闊歩《かっぽ》しています。私がデリーの町を歩いておりましたら、デリーの繁華街《はんかがい》で、人の大勢いるところですが、だれかうしろから私の肩をぐっと押したものがいる。だれだろうと思ってひょいとうしろを見ると、牛のお尻なんです。牛が悠々と歩いておりまして牛権を主張しているのです。

それから鳥をかわいがります。デリーの中心地にレッド・テンプル、赤い寺というジャイナ教のお寺があります。そこへ私、お参りしたことがありますが、そこの付属の建物に小鳥の病院があるのです。中に入りますと、小鳥が部屋中いっぱいいるのです。小鳥の口ばしが傷つきますと、その病院へ入れて口ばしの外科手術をやるのです。そして傷が治ると退院させるのです。また小鳥が腹をこわすと病院に入れまして、薬をあてがい、治るとまた退院させる。そういう入院中の小鳥がいっぱいいるのです。

ところでインドでは、宗教的な霊場へお参りしたときには靴をぬがなければいけません。それから、できれば靴下もとるほうがいいのです。はだしになるのが最上の礼儀を示すことなのです。これは西洋などとは逆です。私はインドに行ったときはインドの礼法に従わなければならないと思って、靴をぬぎ、靴下をとって中へ入ったのです。だから向うも歓迎のつもりで入れてくれました。もう下には小鳥のふんがいっぱいある、その上を踏んで歩く、おもしろい経験をしました。とにかくそのくらいにインドでは、すべてのインド人がそうだというわけではありませんが、生きものを大事にするという風習があります。その理想がアヒンサー(無傷害)です。

さらに現代の問題として考えるとき、無傷害ということは、重要な意義をもってきます。

殺そうと争闘する人々を見よ。武器を執《と》って打とうとしたことから恐怖が生じたのである。（同、九三五）

戦争がどうして起るのか、ということを思い出させるではないでしょうか。

3　慈悲の理想

ところで、その理想を各個人が個人的なものとしていただいている限りは社会的な勢力とはなりません。これを社会的な実践運動のうちに採《と》り入れて展開したのが、ガンジー（一八六九―一九四八年）であります。ガンジーは、インドの西方の半島にポロアンデルという小港がありますが、そこの商人の家に生れました。あたりはジャイナ教が盛んで、その影響も受けているわけですが、ガンジーはその慈悲の理想を現代の場面に生かそうとしたわけです。当時のインド人はイギリスの帝国主義的侵略のもとに苦しんでいました。これを追いのけるのにはどうしたらいいか。彼らは暴力をもって迫ってきた。ところが暴力に対するのに、インド人が同じように武力をもってすれば、悪にむくいるに悪をもってすることになります。これではほんとうの理想は実現できない、そう思いまして、無傷害の理想を政治運動の中に生かそうとしました。そこでイギリス製品の不買運動とか、ボイコットとか、暴力によらない反抗運動というものを実行しました。そしてついにインドの独立をかちとったわけです。これは人類の歴史における一つの偉大なる実験であります。

これが今度ほかの地域にも影響を与え、太平洋を越えてアメリカへ行きます。アメリカの南部諸州ではかつては非常な人種的迫害が行なわれておりました。非常に差別待遇がなされていました。そこで黒人の解放運動ということが、一九六〇年代に大きな問題になりましたが、その指導者のマルチン・ルーサー・キング(一九二九―六八年)という黒人牧師は、黒人の自由を獲得するためにはガンジーの方法によるべきであると主張して、その方法を黒人解放運動に採り入れ、大きな影響を与えました。こういうような運動もあって、現在では黒人の地位もよほど向上したようです。

こういうぐあいに、いま申しました「われは万人の仲間なり、万人の友なり、無傷害を楽しむ」ということの思想が現実の闘争、レジスタンス(抵抗運動)の中において生かされるということになりました。他人を愛する、他人とともに生きるということは、決して邪悪をそのまま認めるということではありません。邪悪はどこまでもはねのけなければならない。ただ邪悪を取り除くために、こちら側も邪悪をおかすというようなことであっては、罪は五分五分になってしまいます。そうではなく、こちらは高い理想をもって対抗しようとする、その淵源《えんげん》をここまでたどることができるのでありま
す。

この慈悲の理想はさらに大乗仏教においていっそう発展することになります。紀元一世紀以後になりますと、インドでは大乗仏教が現れてまいります。これは民衆的な宗教であって、日本に入ってきた仏教はこの大乗仏教を受けているのです。大乗仏教では、慈悲の徳を本質的なものとして最重視しております。

4　なぜ他人を愛するのか

そこで、次にさらに理論的な問題を考えることにいたしますが、それは、何ゆえに人は他人を愛すべきであるか、他人と気持をともにすべきであるかということです。これについて初期の仏教ではこう説いております。「人は何人といえども自己を愛している、また自己を愛さなければならない」。自己を愛するということが、まず自分を確立して行動を起す出発点なのです。この事実をはっきり認める。「何人にとって

も自己よりもさらにいとしきものはなし」。自分というものがあれば、その人にとってはその自分というものが最もいとしきものであり、最も大切なものである。そして、そのことは他の人にとっても同様である、ということになります。

同様に他の人々にもそれぞれ自己はいとし、故に自己を愛するものは他人を害すべからず。

（パーリ原典協会本『サンユッタ・ニカーヤ』第一巻七五ページ、「ウダーナ」五・一）

すべての人々は生を愛し、死をおそれ、安楽を欲している、だから自己に思いくらべて他人を殺してはならぬ、また殺さしめてはならぬ。

「かれらもわたくしと同様であり、わたくしもかれらと同様である」と思って、わが身に引きくらべて、（生きものを）殺してはならぬ。また他人をして殺させてはならぬ。（文庫本『ブッダのことば』七〇五。また三九四も参照）

自己を守るということが、出発点となって、今度は他の人を守るということになります。

自己を守る人は他の自己を守る、それ故に自己を守れかし。

（パーリ原典協会本『アングッタラ・ニカーヤ』第三巻三七三ページ）

ここでは自己を守る、自己を実現するということが説かれておりますが、この場合に説かれている自己というものは、もはや相対立し相争うような自己ではない。つまり、一方の犠牲において他方が利益を得るという、そういう意味の自己ではない。むしろ他人と協力することによってますます実現されるところの自己であります。

自分と他者とが対立している、その対立が発露されるという場合に真実の自己の利が実現されます。仏典の中では、「自己の利をはかれ。自己の利を実現せよ」、というような文句さえもあります。それは、世人がしばしば誤解するように、単に自分の財産をふやすとか、自分の世俗的な利益をはかるという意味ではないのです。当然そういうことも付随《ふずい》してきますが、自己と他人とがお互いに連関し合って生存している。その場面において自己を生かすということは、他人を生かすということになる。他人から切り離された自己というものは、実際問題としてはありえないのです。

現実には、わたくしどもはお互いにこの日本の国に生きております。そして一つの限られた社会を形成して、お互いに運命をともにしているわけです。そしてその国土に産する産物によってわたくしどもは養われているのです。けれどもその産物ができるのはなぜかというと、実に無数の多くの人々が働いてくれるからです。それだけでは十分ではありません。さらにそこに太陽の熱であるとか、自然の力というものが働いている。太陽の熱などというものは地球の上のものではなく、遠い彼方《かなた》から来るのです。その力が働いている。そういうことを思いますと、わたくしどもの存在というものは、遠い彼方の、光で到達するにしても何万年もかかるような遠い彼方の力さえも及んでいる。もうお互いに目に見えない因果の網によってしっかりと結び合っている、いわば運命の共同があるわけです。それに気づかない間は他人は他人だ、おれはおれだ、無関係だということになりますが、お互いに置かれている運命を反省してみて、その因果の連鎖の網をずっとたどっていきますと、お互いに結び付いている。

そう考えますと、お互いの存在というのは決して孤立したものではない。もし他人から切り離された孤立したものがあると思ったら、それは間違いです。その点を仏教では、「空《くう》」とか「縁起」ということばで言い表わすのです。「空」というのは孤立した実体ではないということなのです。お互いに結ばれていますから、お互いに限定し合っている。それから「縁起」というのは由《よ》って起っているという意味です。よく縁起が悪いとかなんとかいうようなことばが日常使われていますが、それは転化した用法でありまして、「縁に従い、由って起っている」という意味です。ありとあらゆるものがお互いに相依って成立しているということです。この理法を考えますと、人と人とが争うことが無意味だということに気づいてくるのです。競争するということはお互いに刺激を与えるからよいことですが、その競争は、それを媒介《ばいかい》として相互が力を得る、相互に助けられるという、そういう形においてなされねばなりません。そう思いますと心が広々としてきます。仏教ではこの原則を現実の生活に生かそうとするのです。

5　人生の幸福

人生の幸福とは何であるか？『スッタニパータ』では、「こよなき幸せ」(Mahā-maṅgala-sutta)という一節でまとめて説かれています。それは、必ずしも体系的には説かれていませんが、ここにご紹介しましょう。

「多くの神々と人間とは、幸福を望み、幸せを思っています。最上の幸福を説いてください。」

諸々の愚者に親しまないで、諸々の賢者に親しみ、尊敬すべき人々を尊敬すること、——これがこよなき幸せである。

適当な場所に住み、あらかじめ功徳《くどく》を積んでいて、みずからは正しい誓願《せいがん》を起していること、——これがこよなき幸せである。

深い学識あり、技術を身につけ、身をつつしむことをよく学び、ことばがみごとであること、——これがこよなき幸せである。

父母につかえること、妻子を愛し護《まも》ること、仕事に秩序あり混乱せぬこと、——これがこよなき幸せである。

施与《せよ》と、理法にかなった行ないと、親族を愛し護ることと、非難を受けない行為、——これがこよなき幸せである。

悪をやめ、悪を離れ、飲酒をつつしみ、徳行をゆるがせにしないこと、——これがこよなき幸せである。

尊敬と謙遜《けんそん》と満足と感謝と(適当な)時に教えを聞くこと、——これがこよなき幸せである。

耐え忍ぶこと、ことばのやさしいこと、諸《もろもろ》の〈道の人〉に会うこと、適当な時に理法についての教えを聞くこと、——これがこよなき幸せである。

修養と、清らかな行ないと、尊い真理を見ること、安らぎ(ニルヴァーナ)を体得すること、——これがこよなき幸せである。

世俗のことがらに触れても、その人の心が動揺せず、憂いなく、汚れを離れ、安《あん》穏《のん》であること、——これがこよなき幸せである。

これらのことを行なうならば、いかなることに関しても敗れることがない。あらゆることについて幸福に達する。——これがかれらにとってこよなき幸せである。

（文庫本『ブッダのことば』二五八—六九）

文章は平易ですから、特に説明の必要はないでしょうが、若干の説明をつけ加えましょう。

第二五九詩の「愚者」とは、人間の理《ことわり》に気づかない人であり、理を知って体得している人が賢者なのです。金儲《もう》けだけはうまくても、自分のもっている財産をふやすことに汲々《きゅうきゅう》として夜も安眠できないというような人は、いくら頭がよくても愚者であると言わねばなりません。また、知識に乏《とぼ》しく、計算や才覚が下手《へた》でも、心の安任している人は賢者なのであります。

第二六〇詩。「適当な場所に住む」というのは、古代インドでは修行僧は市街から遠からず近からざるところに住むべきものとされていました。都市の中心部は雑踏《ざっとう》でざわざわしているから修行には好ましくない。またあまり町から離れていると、生活がやりにくくなる。特に当時の修行僧(ビク)は托鉢《たくはつ》によって生活していましたから、人里離れた深山幽谷《しんざんゆうこく》に住むことはできなかったのです。そこで、町から遠からず近からず、閑静《かんせい》で空気のよいところを求めました。ところで、これを現代にあてはめると、このような生活は困難であるように思われます。都市の喧噪《けんそう》の中に住まねばならぬ人も多いでありましょう。しかし、みずからの主体的な心のもち方により、喧噪や誘惑はないのと同様になることも可能です。工場で始終機械の運転を耳に聞き、あるいは鉄道の側で列車の音を聞きつけている人には、騒音がそれほど気にならない。どの駅の近くにも飲み屋やパチンコ屋がありますが、それらに近づかなければ、そんなものはないのと同じことになりましょう。

次に、「みずから正しい誓願を起す」ということについてですが、これこそ人生に喜びと確信を与えるものであります。高らかな誓願を立てていれば、挫折《ざせつ》に屈することもないし、気のめいることもない。他人からとやかく悪口を言われても、誓願をもっている人なら、蚊《か》のなくほどにも気にもとめないでしょう。いかなる困難も誓願の前には無に等しいものになります。

第二六一詩。現実に社会人として生きていくためには、ぼんやり暮していてはなりません。つねに新しい知識を得るように心がけ、日進月歩の技術を体得し、みずから自己を訓練し、向上につとめなければなりません。そこで「深い学識あり、技術を身につける」ということが尊ばれるのであります。のちの大乗仏教になると、「六度」という徳目を説きますが、その最後の「知慧」とは、世俗の技術や学問に通じていることなのです。次に、「ことばがみごとであること」というのは、立て板に水というようにしゃべりまくることではなくて、相手をおそれないで、思っていることが自由に口をついて出てくることです。この態度は仏教では常に尊ばれました。

第二六二詩。「父母につかえること、妻子を愛し護ること」と言っていますが、家庭の幸福はもっとも身近かな幸福であります。それは降って湧いてくる幸福ではなくて、育てはぐくむことによって現れてくるものです。次に、「仕事に秩序あり混乱せぬこと」というのは、職業人にとって本質的なことです。生活の軸であり生きる糧《かて》でもある仕事を毎日狂いなく行なうことが大切です。生きがいを手にするためには欠くことができない。機械文明の進んだ現代においては、この教えの必要性が痛切に感ぜられます。

第二六三詩。「施与」というのは贈与と言いかえてもけっこうです。物質的なものであってもよいし、精神的、無形のものであってもかまいませんが、他の人々に何ものかを与えることによって、人々を助けることができるのです。「自分のものだ」と言って握りしめるのではなく、他人に何かを与えるところに人生の深い喜びがあるのではないでしょうか。

第二六四詩。「飲酒をつつしみ」は、原文では「酒を飲むことから身を制する」となっています。英訳者は、これを「誓って酒を断つ」という意味にとっています。インドは暑い国なのでこの点をとくに戒《いまし》めたのでしょう。暑い国では酒の害がよけいに身にこたえるのです。

第二六五詩。「満足」(santuṭṭhi)ということと、前に述べた「誓願を立てること」とは表裏の関係にあります。人は大きな志を立てると、くだらぬことで不満を訴えることはなくなってしまいます。

「感謝」(kataññutā)というのは、その直接の語義は、「他人から為されたことを感じ知る」ということで、漢訳では「知恩」とも訳されます。それは、お互いに精神的な喜びを与えあうものです。どこの国の人にもこの気持は共通で、日本人は「ありがとうございます」と言い、朝鮮の人は「カムサ」と言う。これは「感謝」の発音を写したものです。ベトナムの人は「カンノン」と言うが、これも「感恩」の音を写して言うのです。

次に、「適当な時に理法についての教えを聞く」というのは、適当な時に仏教の教えを聞くという意味です。古代のインド人や現代の南アジアの人々は、陰暦の半月の第八日および第十五日に寺院に参詣《さんけい》して教えを聞きますが、そのようなことを言ったのです。

第二六六詩。「諸々の〈道の人〉に会う」という場合の「道《みち》の人」(samaṇa)は、漢字で「沙門《しゃもん》」と音訳しますが、諸宗教を通じての出家修行者を言います。徳行の高い人に会えばおのずから自分が高められるから、そのことが勧められているのです。

第二六七詩。「修養」(tapo)という語は、一般に「苦行《くぎょう》」と訳されますが、しかし仏教では、身の毛もよだつような苦行、荒行を勧めたのではありませんから、便宜上「修養」と訳してみました。五世紀頃の註解者ブッダゴーサ(Buddhaghosa)は「煩悩《ぼんのう》を焼きつくすこと」だと解しています。次に、「安らぎを体得すること」とは、原文では「ニルヴァーナを体得すること」(nibbāna-sacchikiriyā)となっています。世俗の生活をしている人が、そのままでニルヴァーナ(涅槃《ねはん》＝一切の煩悩から解脱《げだつ》した不生不滅の高い境地)を体得できるかどうかということは、原始仏教においての大きな問題でありましたが、『スッタニパータ』のこの一連の詩句から見ると、世俗の人が出家してニルヴァーナを体得するのではなくて、世俗の生活のままでニルヴァーナに達しうると考えていたことがわかります。しかし、のちに教団が発達すると、このような見解は教団一般には採用されなくなりました。

第二六八詩。「世俗のことがらに触れてもその人の心が動揺せず」ということは、志を固くもって誘惑に負けないことであります。

さて、ここに述べられている幸福論は、必ずしも体系的とはいえません。原文は詩句のため韻律《いんりつ》の関係もあり、論理的に筋道《すじみち》たてて述べられているわけではありません。ただ、幸福に喜び満ちあふれている心境が次から次へとほとばしっています。その喜びの気持、それは現在の私たちのものでもあるといえましょう。その、目ざすところは、あらゆる生きとし生ける者どもが幸せであれ、ということでありました。

目に見えるものでも、見えないものでも、遠くに住むものでも、近くに住むものでも、すでに生れたものでも、これから生れようと欲するものでも、一切の生きと

し生けるものは、幸せであれ。（同、一四七）

われら、ここに集った諸々の生きものは、地上のものでも、空中のものでも、神々と人間とのつかえるこのように完成した〈目ざめた人〉（ブッダ）を礼拝しよう。幸せであれ。

われら、ここに集った諸々の生きものは、地上のものでも、空中のものでも、神々と人間とのつかえるこのように完成した〈教え〉を礼拝しよう。幸せであれ。

われらここに集った諸々の生きものは、地上のものでも、空中のものでも、神々と人間とのつかえるこのように完成した〈つどい〉を礼拝しよう。幸せであれ。

（同、二二六―二二八）

6　人間の理法

では、以上に述べたような根本の原則が具体的な人間生活において、どう生かされるのか、仏典の述べているところを少しく申し上げることにいたします。

さっきも申しましたように、人間の理法というものは――法と言っても、あるいは理法と言っても同じことですが、――これは個別的な人間関係において具現されるべきものです。いかなる人間関係においても、いま申し上げましたような慈悲、同情、共鳴、共感の精神でもって進むべきなのでありますが、ただその現れ方はいろいろ違うわけです。

夫婦の倫理(1)

人間関係はいろいろあります。人間の置かれている関係はいろいろでありますが、個人の生活をずっと限定して考えてみますと、一番身に親しいものは家庭の生活です。言うまでもなく家庭生活の発端というのは二人の男女の結合から出発するわけです。その場合の理法をどう考えているかということです。仏教と申しますと非常にむずかしいことばかり述べるので、深遠難解でちょっと手がつけにくいと、皆さまお考えになるかもしれませんけれども、原文のパーリ語、サンスクリット語のものを読みますと実にわかりやすくて、なるほどと思うようなことが書かれているのです。まことに人間性に関する深い反省が示されております。

たとえば婦人というものを原始仏教、あるいは釈尊がどう見ていたかということですが、非常に鋭い反省が述べられているのであります。

婦女の求めるところは男性であり、心を向けるところは装飾品・化粧品であり、よりどころは子どもであり、執着するところは夫を独占することであり、究極の目標は支配権である。（パーリ原典協会本『アングッタラ・ニカーヤ』第三巻一六三ページ）

現代に直してもまさにそのとおりであると言わざるを得ません。

そういう認識に立って倫理が展開されていくのであります。愛の典型的なものは愛し合っている男女の間の愛情であると一般に考えられておりますが、熱烈に愛し合っている二人の間では全面的な自己帰投と申しますか、自分を投げ出すということが行なわれております。これが純粋の愛であると認められております。原始仏教でも一般世人に対しては恋愛の純粋性を説いておりました。

愛情ある者の愛する人はだれであろうとも、たといチャンダーラの娘であろうとも、すべての人は平等である。愛に差別なし。（『ジャータカ』第六巻四二一ページ）

「チャンダーラ」(caṇḍāla)というのは古代インドのカースト社会における四姓外の階級を言います。社会的地位は極端に低く、侮蔑《ぶべつ》的待遇を受けて生活も悲惨を極めていました。仏教はカースト制度に反対して平等主義を説いたのですが、徹底的に実現することができず、かえって、仏教がインドから駆逐《くちく》される結果ともなりました。そのようなチャンダーラのあいだにあっても、純粋な愛は尊い、というのです。いかなる階級の人であっても、愛が純粋であればそれ自身において尊い。

そこで世俗の生活においては正しい安定した結婚生活が進められるのです。そしてその関係を乱すということが戒められております。

おのが妻に満足せず、遊女に交わり、他人の妻に交わる、――これは破滅への門である。（文庫本『ブッダのことば』一〇八）

このように、ことに遊蕩《ゆうとう》の生活が戒められております。

女に溺《おぼ》れ、酒にひたり、賭博《とばく》に耽《ふけ》り、得るに従って得たものをその度ごとに失う人がいる、――これは破滅への門である。（同、一〇六）

日本でも非常に俗な表現でございますけれども、遊蕩の生活を「飲む、打つ、買う」と申します。経典の中でもそれと同じことを言っているのです。いかなる結婚の仕方を理想とすべきかということについては、別に原始仏典のうちには規定はありませんが、ただ相当の年配の男が若い女を近づけることは非難されております。こういう文句です。

青春を過ぎた男が、ティンバル果のように盛り上った乳房のある若い女を誘《ひ》き入れて、彼女についての嫉妬《しっと》から夜も眠られない、――これは破滅への門である。

(同、一一〇)

そこで夫婦の間の倫理というものも説かれるのですが、まず夫婦は親しくむつまじいものでなければならない。「何ものが人々の住み家であるか。この世で、最上の友はだれであるか」と、ある神さまが釈尊に尋ねたのです。釈尊はこう答えました。「子供らは人々の住み家である。妻は最上の友である」(パーリ原典協会本『サンユッタ・ニカーヤ』第一巻三七ページ)。

そして当時の望ましい家庭生活として、ある牛飼《か》いがこういうことを言っております。

わが牧婦(牛飼いの妻)は従順であり、貪ることがない。久しくともに住んできたが、わが意《こころ》に適っている。かの女にいかなる悪のあるのをも聞いたことがない。

(文庫本『ブッダのことば』二二)

わたしは自活しみずから養うものである。わが子らはみなともに住んで健やかである。彼らにいかなる悪のあるのをも聞いたことがない。(同、二四)

これが当時の家庭の理想であります。そこで結婚生活においては、二人の人格の間における全面的な帰投が要請されるのです。

こういうことも伝えております。

もしも妻が貞節であって、他人の威に屈せず、夫の欲することに従順で、好ましくあるならば、責むべきことであっても、賞《ほ》むべきことであっても、秘密の事柄を妻に打ち明けよかし。(『ジャータカ』第六巻三七九—八〇ページ)

ただしこれは、当時の世俗的道徳観の反映として述べられているのであり、これに対して「秘密を他人に洩らしてはならぬ」というのがここのジャータカ物語の最終の趣意です。だから右の詩は厳密な意味で仏教説とは言えないかもしれませんが、当時右の詩句のように考えていた人々がいたことは事実です。

夫婦の倫理(2)――良き夫とは

しかし夫婦の間にはそれぞれ異なった義務があります。具体的に夫は妻に対してどうあるべきか、妻は夫に対していかなる義務を守るべきか、それを『シンガーラ青年への教え』という経典では五つの箇条にまとめて述べています。夫は次の五つの仕方で、妻に奉仕すべきであるというのです。ここで興味深いことは、妻に対して「奉仕すべきである」とか「敬うべきである」とか、そういうことばが使われていることです。

第一に、尊敬すること。つまり夫は妻を尊敬しなければならない。註解者ブッダゴーサによりますと、「尊敬する」とは「神々を尊崇し、諸々の方角を尊崇するように、尊敬して談話をなす」という意味です。妻に対してさえ、神々に対するのと同じ尊敬をもってせよというのは、当時としてはずいぶん思い切ったことばといえましょう。

第二に、軽蔑《けいべつ》しないこと。妻を軽蔑しないということの意味は注釈書によりますと、奴《ぬ》僕《ぼく》、傭人《ようにん》、つまり下々の人は他人を悩ます(荒々しい)話し方をするが、そのように相手を軽蔑して話をしたり、また罵《ののし》るようなことばを使ってはいけない。つまり妻に対しても礼儀がなければならないというのです。

第三に、道を踏みはずさないこと。これは主として男女関係に関して言われております。道からはずれないというのは何かというと、注釈書では「外に踏み出して、他の婦人と歩き回り、逸脱するようなことをしない」と説明しております。近代の人はこれを「姦淫《かんいん》しないこと」と解するようですが、ここに意味されていることはもっと厳しいものです。ここで意味されているのは、姦淫をも含めて、男の心が妻以外の他の女性に移るのを戒めているのであって、だからこそ妻以外の婦人と歩き回ることも悪徳と解されているのです。「自分の妻に満足する」ということはバラモン教のほうでも説くのですが、仏教はそれを受けているのです。

第四に、権威を与えること。これは家庭のことは妻にまかせるという意味です。注釈書の説明によりますと、いかにもインド的におもしろいことを言っているのです。「実に婦人というものは大きなつる草にも似た衣裳《いしょう》を得ても、食物を分配することができなければ怒る」。すなわちインド婦人はサーリーをまとっているから、身にまといつくという点で大きなつる草にもたとえられる衣裳を手に入れたとしても、食事に関する実権を与えられなければ怒ってしまう。「そこで、しゃもじを手に持たせて、〝お前の気に入るようにせよ〟といって食事と家事とをまかせてしまって、全権をゆだねるようにする」。

妻にまかせてしまったら、やたらに干渉しないのがよいのです。夫は社会に出て活動するものですから、家庭内の事柄に一々気を使うのは、それだけ社会的活動の力をそぐことになる。家庭のことは妻に権威を与えてまかせてしまうならば、夫は外で働いている間、気を使わないですむ。それで夫として社会的なつとめを思うままに果すことができるのです。当時のインドでは「妻は常に夫なる主人を畏《おそ》れる」という状態で、「恒《つね》に自在（主権や支配権のあること）であることができない」と嘆《なげ》かれておりましたので、それを是正するように説いているのです。

それから第五に、妻に装飾品を提供すること。つまり、お化粧品や装身具を買ってあげなさいというのです。そうすると、これは世の男性方に対してどうもちょっと脅威になるかもしれませんけれども、そこは注釈書はうまく説明しているのです。「装飾品、化粧品を買ってあげる。ただし自己の財力に応じて装飾品を提供する」。ちゃんと抜け道はできているのです。

これは反面、初期の仏教においては在俗の婦人の好みに対して温かい同情をもっていたことを示しています。また経済的観点から見ると、必ずしも贅沢《ぜいたく》を勧めたことにはならないのです。南アジアの婦人たちにとっては、貴金属の装飾品は一種の銀行預金としての機能をもっております。お金がたまると装飾品をふやし、お金が必要になると少しずつ売却する。ですから装飾品を買い与えることは、銀行預金をふやすのと同じことになるのです。

夫婦の倫理(3)——良き妻とは

次に、妻は次の五つの仕方で夫を愛します。

第一に、仕事をよく処理すること。ブッダゴーサの注解によると、これは「粥《かゆ》や食物の煮たきの術をはずれないで、それぞれのことを正しく行なって、うまく仕事を処理する」ことです。妻が家庭内の仕事をうまく処理してくれるなら、夫は外にあって安心して活動することができるのです。これが夫を助けるゆえんです。

第二に、眷族《けんぞく》(親族)、仲間をよく待遇すること。これは当時の家は使用人などを使っておりましたから、その眷族、身内をよく待遇するという意味です。「よく待遇する」ということばは「よくまとめて掌握《しょうあく》する」という意味をも含めていて、なかなか味わいが深いのです。主婦が一家の中心になってまとめていくことをいいます。これは男性である主人以上に、主婦の特に心すべきことになっております。

第三に、道を踏みはずさないこと。これは先ほどの夫の場合と同様に、自分の主人以外の他の男性を心の中でさえも求めないというように、非常に精神的な意味に解すべきものです。「姦淫しない」ということは、夫婦の両方ともに要求されています。それは、結婚生活において最も大切なことであるので、後ほどお話しする在俗信者のために規定された五戒の一つとして特に取り出され、「不邪婬戒《ふじゃいんかい》」となっております。

ここでおもしろいことは、自分の夫のことを「主人」と呼んでいることです。妻が夫のことを「主人」と呼ぶのは、日本だけのことではなく、古代インドから現代のタイに至るまで行なわれているのです。

第四に、集めた財を保護すること。「集めた財」というのは「農耕・商業などをして集めた財」のことです。財を集めるのはむずかしいが、散ずるのはやさしい、ということです。

それから第五に、なすべきすべての事柄について巧妙にして、かつ勤勉であること。「巧妙」とは「粥や食物をつくることなどに巧みである」(ブッダゴーサ注)ことをいうのだと解されています。妻が夫の収入でうまくまかなっていくということは、なかなか骨の折れる仕事であり、古代インドでも事情は同じだったのに違いありません。収入の範囲でむだのないように適宜《てきぎ》に処理することを言っているのでしょう。

仏教では、こういう意味での家庭の倫理を説きました。これが南方アジアの仏教諸国では現在なお生きておりまして、これらの仏教圏では割合に離婚が少ないのです。これは機械文明の発展とともに、家庭はだんだんくずれやすくなってきています。ことにアメリカは極端ですが、これは人ごとじゃないのです。今の日本の大都会も大体そういう方向へ向っているではありませんか。

私、以前にフロリダ大学でちょっと一学期ほど講義したことがあります。そのとき、学生に、東洋思想について自由にレポートを書かせたのです。そうしたら、ある学生は、「アメリカは日本から何を学ぶべきか」というレポートを書いたのです。おもしろいテーマだと思って注意して読みましたら、その中でこういうことを言っているのです。アメリカの家庭というものは非常にくずれやすい。これは子女の教育のためによくない。それに比べて日本の家庭は安定しているというのです。そういわれるとちょっとくすぐったいのですけれども、しかしともかく、いま申し上げたような仏教の教えのような精神で家庭生活を行なっていけば、破局は相当に食いとめることができるのではないかと思うのであります。

親子の倫理（1）——子のつとめ

初期仏教の成立した社会では、家長はバラモン教の場合と同様に父親でしたが、子のつとめとして、父である家長に対する義務あるいは服従を説くというよりは、むしろ父母に対する尊敬、扶養《ふよう》の義務を説いているのです。

世に母を敬うことは楽しい。また父を敬うことは楽しい。世に修行者を敬うことは楽しい。世にバラモンを敬うことは楽しい。

（文庫本『ブッダの真理のことば』三三二）

このように父母に対する尊敬、扶養の義務がしばしば説かれているということは、その反面において父母を顧《かえり》みぬような人々の存在していた事実を物語っているわけです。

己れは財豊かであるのに、年老いて衰えた母や父を養わない人、――かれを賤《いや》しい人であると知れ。

母・父・兄弟・姉妹或いは義母を打ち、またはことばで罵る人、――かれを賤しい人であると知れ。（文庫本『ブッダのことば』一二四―一二五）

ところで、子が両親に対して守るべき徳目について、同じく『シンガーラ青年への教え』という経典の中で次のように書かれています。すなわち、子は父母に対して次のような心構えをもって奉仕すべきである。

(1) われは両親に養われたから、かれらを養おう。
(2) かれらのためになすべきことをしよう。
(3) 家系を存続しよう。
(4) 財産相続をしよう。
(5) そうしてまた祖霊に対して適当な時々に供物を捧げよう。

ここでは単に一般的な道徳上の命令としてではなくて、子の「決心」として、子の自然な気持の発露《はつろ》としてさらりと述べられていることはおもしろいと思います。

ここでちょっと解説を加えますと、

(1)「両親を養おう」とは、「わたくしはいま年老いた両親を洗足・沐浴《もくよく》・粥や食物を与えて養おう」と決心することであります。

(2)「かれらのためになすべきことをしよう」とは、「わたくしは自分の仕事を措いてでも、王の家などに行って、必要となった仕事を父母のためになすことにしよう」と決心することだと説明されています。その意味は恐らく、王の家などの仕事のほうが賃金も高く収入も多いから、そちらへ行って働くほうが父母を養うのに好都合だというのでしょう。

(3)「家系を存続しよう」については、「両親の財産である田畑・屋敷・黄金などを滅ぼさないで守る人も、また家系を存続するのである。両親(のいずれか)を法を護らぬ家から連れてきて、正統な家に落ち着かせ、家系によって与えられた配給券による食物などを絶えず給する人もまた家系を存続するのである。このことをも含めて言ったのである」と解説されております。

(4)「財産相続をしよう」ということは、次のように説明されております。「両親は自分の教訓に従わず行ないの悪い子息らに、『かれらは相続するにふさわしくない』と考えて、断固たる処置をとって、子無きこととする(＝勘当《かんどう》する)。しかし教訓に従う子らを家の財産の主人とする。(だから)『わたくしはそのように行ないましょう』という趣意で、財産相続をしようと言ったのである」。

当時は、親が品行の悪い子を勘当することも行なわれていたらしい。ですから順調に家督《かとく》相続をなしうるように、子はつとめなければならない。家が経済活動の単位であった時代には、この要請のなされたのは当然のことであったのでしょう。

子は「家系が永くつづいて、財産を相続するよう」につとめなければならない。巨大な財産を取得した家でも、後世までつづく場合とつづかない場合とがある。「失われたものを探索《たんさく》せず、古くなったものを修繕《しゅうぜん》せず、飲食に節制なく、性質の悪い女または男が支配人となっている家」は永くつづかない。これに反して「失ったものを探索し、古くなったものを修繕し、飲食に節制あり、戒めをたもつ女または男が支配人となっている家」はいつまでも永くつづく、といわれているのです。

(5)「供物を捧げる」とは「かれらに功徳の回向《えこう》を捧げて、三日間など(祖霊に)供物をそなえることである」と解説されております。

仏教の信仰と祖先崇拝ということは、教義の上では直接には特に結びつかないのです。しかし現実にインドの農耕社会においては、家が続いていて、祖先を崇拝することが行なわれています。その観念は仏教にも採り入れられておりますから、日本では仏教と祖先崇拝が結びつくということも、それほど不自然ではないのです。ともかく祖先祭は諸国に行なわれてきた儀礼でした。われわれは祖先の恩恵を受けているのですから、祖先に感謝の誠を捧げるのは当然であります。

親子の倫理(2)――親のつとめ

子の親に対するつとめを強調したことは、決して子供に対する親の義務を認めないということではありません。子供の教育および指導についての親の一般的義務として、次のように教えています。すなわち両親は次の五つの仕方で子供を愛するというのです。

第一は、悪から遠ざけること。自分の子女を罪悪から守ってやりたいという気持は、昔でも同じだったことがわかります。

第二は、善に入らせること。よいことをさせる。

第三は、技能を修学させること。これは今日の言葉で申しますと、学校へ入れて勉強させてやるというようなことが、それに近いわけです。あるいは家の仕事を教えるというようなことです。

第四は、適当な妻を迎えること。

第五は、適当な時期に相続をなさしめること。現代においては家の観念がなくなってきていますから、相続というようなことは問題もありましょうけれども、現実に仕事を経営していくためには、やはり最小限度の単位というものがいるわけです。農村だったら耕地は最小限度のまとまった単位がなければならないわけです。それはずっと親から子に受け継がれますから、その受け継ぐことに対する配慮が当然なされるべきなのです。

労使の倫理(1)――雇用主のつとめ

それから雇用者と使用人、企業を経営している人がいるとすれば、使われている人がいる、その両者の関係です。インドの叙事詩においても「召使いの群は自分の影である」と説いていますが、同じく『シンガーラ青年への教え』では両者との関係を相互的な義務の関係としてとらえているのであります。主人は次の五つの仕方で奉仕しなければならない。「奉仕する」ということばがつかってあるのです。

第一に、その能力に応じて仕事をあてがうこと。注釈書によれば「若者のすべきことを老人にはさせず、老人のすべきことを若者にはさせず、女のすべきことを男にはさせず、男のすべきことを女にはさせず、それぞれの力に応じて仕事をあてがう」ということです。

ここでは労務を適当に配分すべきことを説いています。例えば未成年の少年少女に過重の労役を課すということは、古来どこの国でも行なわれてきたことですが、これを戒めているので、老人や婦女の労働に対するいたわりということも大切です。

第二に、食物と給料とを給与すること。「この男は少年である、この男は独身者である、というように、その人に適当な程度を顧慮して食物を与え、費用を与える」ということです。つまり年齢差や家族手当の問題に相当することを述べているわけです。仏教は一面では非常に現実的な面もありました。「生きとし生ける者は食をもととしている」ということは、仏典の中にしばしば説かれていることです。食物の問題の解決が生活の基礎になることを見抜いているのです。

第三に、病時に看病すること。つまり「健康でない時には仕事をさせないで、快適な物品・薬品などを与えて看病すること」です。当時としては、大変に使用人を思いやったことばといえるでしょう。

第四に、すばらしいご馳走《ちそう》のあった場合には分ち与えること。これは「珍しい甘味を得たならば、自分では食べないでも、かれらのためにも、その中から分ち与えること」です。自分は食べないでも、使用人にまず美味を与えるということは、なかなかできないことです。しかし、もしこれができたならば、労使の間の感情的な摩擦《まさつ》は起きないでしょう。

第五に、適当なときに休息させること。これは注釈書によれば「常時にまた臨時に休息させることである。『常時に休息させる』とは、人々は一日中仕事をしているならば疲れてしまう。それゆえに、かれらが疲れないように、適当な時を知って休息させるのである。『臨時に休息させる』とは、六つの(星の)祭礼などに、装飾品・器・食物などを与えて休養させるのである」。人間は、働き通しでは本当に能率をあげることができない。どうしても適当な休養をとることが必要である。右の説明はパーリ語で書かれたとは思われないほど、まことに切実なひびきがあるといえるでしょう。

労使の倫理(2)——使用人のつとめ

これに対して、使われている人は次の五つの仕方で主人を愛さなければならない。ここでは「愛する」ということばが使われています。およそ古今東西を通じて「使用人は主人に奉仕し、主人は使用人を愛すべし」という道徳があまねく説かれているのに、原始仏教が強調したところの道徳では、それぞれに反対の徳目をあてがっております。すなわち使用人に対しても尊敬と愛情をもって待《たい》せよ、というのです。ここにわれわれは、原始仏教の崇高な宗教的精神の現れを認めることができるのであります。

ところで、その五つとは、

第一に、この当時は大体使用人は主人といっしょに暮していましたから、主人よりも朝早く起きること。

第二に、主人よりも後に床《とこ》につくこと。

第三に、与えられたもののみを受けること。これは注釈書によると「何ものをも盗みによってとることなく、主人から与えられたもののみをとる」のであって、この心がけはいつの時代においても必要なものでしょう。

第四に、その仕事をよく果すこと。働く人間の本質は仕事がよくできるということにあります。ここに職人の誇りがある。

第五に、主人の名誉と称賛とを吹聴《ふいちょう》すること。これは「集会の中で、たまたま話が起った時に、『われらの主人のような人がいるだろうか？　われわれは自分が奴僕《ぬぼく》であるということを知らないし、またかれらが主人であるということも知らない。そのように、われわれを思いやってくれるのである』と言って、（主人の）徳をたたえる話を広める」のです。使用人が、主人なり雇用者のかげ口を叩くということは実際によく行なわれることである。しかし雇用者の保護を受けながらその悪口を言うということは、聞き苦しいことです。仏教では、主人に対する道をまもっていくところに美しさを見出しており、また雇用主と使用人との対立感がなくなったところが理想であると考えられているのであります。

この主従の倫理は、インド及び近隣諸国の古代社会における主従関係について述べられているにすぎませんが、その基本的な精神は、近代的な工業・農業・商業の領域における雇用関係においても、異なった意味で生かされるべきものがありましょう。仏教は、世界を変革するために、なんらかの機械的な公式にたよるということはない。どこまでも人間の積極的な善意に依存するのです。社会改革もそれに基いてのみ可能であると、最近代の南アジアの仏教徒も考えているのであります。

師弟の倫理

師弟の関係についても、同じく『シンガーラ青年への教え』の中でいろいろと説いています。すでにウパニシャッドにおいて「師を神として敬《うやま》え」と説かれ、後代のインドでも有名な句となっていますが、仏教はこれを受けているのです。弟子は次の五つの仕方で師に奉仕すべきであると申します。

第一に、座席から立って礼をすること。注釈によると、「弟子は、師が遠くから来るのを見たならば、座席から立って迎えて、喜びのゆえに、器をとって、座席をしつらえて坐らせ、煽《あお》ぎ、足を洗い、油を塗ることをしなければならない」ということです。

第二に、近くに侍すること。注釈によれば、「日に三度、近くに侍りに行く。技術を習得するときには必ずおもむかねばならない」。これは、今日のことばに直せば、授業に規則正しく出席すること、及び教えを受ける人が師を訪ねることに相当します。

第三に、熱心に聞こうとすること。これは、「信じて聞く」ことであり、「信じないで聞く人は、進んだ境地に至ることがない」。教師のことばを一句も聞きのがすまいと傾聴する心がけはいかなる時代においても必要なことです。

第四に、給仕すること。これは、「些細《ささい》な給仕の行ない」であります。これも、当時弟子は師の家に住み込んでいたので、特に必要と考えられたのでしょう。

第五に、恭《うやうや》しい態度で学芸を受けること。「僅《わず》かのことを受け習っても度々繰り返し学習する。一つの語でも正しく誤りなく受けたもたなければならない」。すなわち正しく覚えることと反復練習ということが必要です。そのためにはつつしんで受けるという心構えが必要であります。

ところでここに説かれているこれらの徳目は、永久の妥当性を有するものでしょうか。すでに昔のインドにおいても、弟子が師の家に住み込んで直接に師から学問や技術を習っていた塾と、西紀後五世紀から始まった、何エーカーもあるナーランダーの巨大な大学においてとでは、師弟の関係も異なっていたにちがいありません。まして近代社会となれば、当然違った師弟関係が考えられます。うやうやしい態度で師に侍するということは、近代的な教育機関では次第に消失しつつあるかのようです。しかし尊敬の念を失わないかぎり、うやうやしい態度もおのずから保たれるでありましょう。ちなみに、師に対して「座席から立って礼をする」ということは、昔の『マヌ法典』(二・一一九—二一)において規定され、インドでは今日なお行なわれています。

これに対して、師は次の五つの仕方で弟子を愛することが勧められています。

第一に、善く訓育すること。注釈によると、「汝はこのように坐るべきである。このように立つべきである。このように噛むべきである。このように食べるべきである。悪友を避けなければならない。善友に親しまなければならない」というふうに行ないを教えて訓育するのです。

第二に、善く習得したことを受持せしめること。注釈によると、「よく習得したことを受持するように、意義と文句とを純正にたもって、実用の仕方を示して、受けたもたしめる」ことです。これは弟子の最後の心構えとして挙げられたものに対応します。

第三に、すべての学芸の知識を説明すること。

第四に、友人朋輩《ほうばい》の間にかれらのことを吹聴すること。注釈によれば、『「これは私たちの弟子であるが、傑出《けっしゅつ》していて、学識深く、わたくしにも等しい。このように見なしてください』といって、かれの長所を語って、友人朋輩の間に吹聴するのである」と説かれています。こういう意味の師からの庇護《ひご》は、今日のみならず昔も必要であったようです。

第五に、諸方において庇護してやること。これを解説者は非常に長く説明しています。「技能を教えることによって、一切の方角においてかれを護ってやる。技能を習い覚えた人は、どの方向に行っても、技能を示すならば、そこで利益と尊敬とを受けることができる。それは実は師によってつくられたものなのである。大衆はかれの美徳を語って、『この方は実にあの大先生のもとで弟子として住まわれたのです』と言って、まず師自身の美徳を語る。梵天世界にも等しいほどの利益がかれに生じても、それは師に帰属するものなのである」。つまり、ある特定の師に就学したということが知られていると、その師の名声、評判が他の諸地方でも弟子を護ってくれるというのです。「あるいはまたかれがどの地方に行っても、望みを起して自分のもとに近づいた人たちに、『この方向にわれらの弟子が住んでいる。かれとわたくしとではこの技能に関しては区別は存在しない。そちらへ行って、かれに尋ねなさい』と言って、このように弟子を推奨して、かれに利益と尊敬が生ずるようにさせて、庇護してやる。すなわち支持してやるという意味である」。これは今日学界や芸術界で行なわれていることと、本質的には異なっていません。

以上は『シンガーラ青年への教え』の中に説かれていることですが、これに相当する漢訳経典の中では、さらに余分のことが教えられています。

例えば、「(師は、自分の弟子をして)他人の弟子に勝たしむべし」。ここでは競争の原則が承認されています。正当な競争はやがて進歩を生み出す母でありましょう。「弟子の知慧をして師よりも勝れしめんと欲す」。弟子は、教師から教え授けられたことを、ただ受けたもっているだけではいけない。教え授けられたことに基いてそれを発展させ、師を乗り越えて進まなければならない。

ここには競争と進歩の原則が表明されています。

これに類した師の心がけとして、「芸を極めてこれを教う」という文句があります。短い文句ですが、意味するところは深い。教師自身が不断の勉強をして「芸を極め」なければなりません。

友人の倫理

友人の間の倫理、これもいろいろ説かれているようです。まず人と人との間では信頼が要請されます。

信頼は最高の知己《ちき》であり、……（文庫本『ブッダの真理のことば』二〇四）

友人をもつ意義を述べて、

事がおこったときに、友だちのあるのは楽しい。（大きかろうとも、小さかろうとも）、どんなことにでも満足するのは楽しい。善いことをしておけば、命の終るときに楽しい。（悪いことをしなかったので）、あらゆる苦しみ（の報い）を除くことは楽しい。（同、三三一）

友人関係については、「良家の子」、つまり立派な人は次の五つの仕方で友人・朋輩に奉仕するよう教えています。すなわち⑴施与（施し与えること、布施）、⑵親しみあるやさしい言葉(愛語)、(3)ひとのために尽すこと(利行)、(4)協同すること(同事)、(5)欺《あざむ》かないこと、であります。最初の四つは、仏教では社会人として守らねばならぬ四つの徳(四摂事《ししょうじ》)と考えられていますが、それがまた友人に対して守るべき徳とされているのです。友人の間では互いに与え合い、助け合う関係がなければならないのです。

また、反対に、友人・朋輩は次の五つの仕方で「良家の子」を愛するのです。すなわち、(1)かれが無気力なときに守ってくれ、(2)無気力なときに、その財産を守ってくれ、(3)恐れおののいているときに、庇護《ひご》者となってくれ、(4)逆境に陥《おちい》ってもかれを捨てないし、(5)かれの後の子孫をも尊重する、の五つです。

最後に挙げた「かれの後の子孫をも尊重する」ということについて、注釈書は、「ここで『子孫』とは同輩の子女のことである。またかれらの子女と孫・曽孫《ひいまご》も『のちの子孫』と呼ばれる。かれらを尊重し、愛し、わがものと見なし、慶事などのときにはかれらのために祝福する」と記しています。

友人はほんとうの友人でなければなりません。似て非なる友人、これは遠ざけなければいけない。うその友人というのは、(1)なんでも取っていく友、(2)言葉だけの友、(3)甘言を語る友、(4)遊蕩《ゆうとう》の仲間。これら四つは敵であるとして彼らを遠く避けるがよい。あたかもおそろしい道を避けるように、と教えています。

「なんでも取っていく友」というのは、なんでも品物を選ばずに取っていく、わずかなものを与えて多くのものを得ようと願う、自分の利益のみを考えるような友を言います。

それから「言葉だけの友」、「甘言を語る友」は相手の悪事に同意し、よいことに同意しない。その人の面前では賛美し、その背後ではそしる。そういう友だちは、なすべきことが眼前に迫ると都合が悪いと言って逃げてしまう。具体的に言うと「わたくしは車が入用である」と言うと、「その車の輪がこわれている。車軸がこわれている」などと言って言いのがれるような人だというのです。

それから「遊蕩の仲間」、こういうのもよくない。これはもろもろの酒類など、怠《たい》惰《だ》の原因にふける時の仲間である。時ならぬのに町をぶらつく、祭礼、舞踏などに夢中になる、賭《と》博《ばく》など遊惰な事柄にふける、そういう友だというのです。

それでは、ほんとうの友というのはどういう人でしょうか。(1)助けてくれる人、(2)苦しい時にも楽しい時にも友である人、(3)ためを思って話してくれる人、(4)同情してくれる人、がそうであるといっております。注釈では、「助けてくれる」ということを非常に具体的な例で説明しております。「途中で酒を飲んで、村の中、村の入口またはは道路の上にぶっ倒れている友を見て、だれかが下着と上衣をもっていくかもしれないと思い、倒れた人のためにかれの近くに坐っていて、かれが酔いからさめたときにかれを連れていく、そういう心構えをもっている人」だというのです。

仏典においても真の友人とは、次のような人とされます。

つねに注意して友誼《ゆうぎ》の破れることを懸念《けねん》して(甘《うま》いことを言い)、ただ友の欠点のみ見る人は、友ではない。子が母の胸にたよるように、その人にたよっても、他人のためにその間を裂かれることのない人こそ、友である。

(文庫本『ブッダのことば』二五五)

仏教における友情論は、このように自他の対立感を離れた不二の境地を実現すること(無我の理想)に由来するものである、ということができるのです。

社会人としての倫理

人間は単に家族などの共同体の成員であるだけでなく、社会人として広く人々とつき合わなければならない。このように人が社会人として行動するとき、どんな道徳を守らなければならないかといいますと、普通、仏教では世俗人のために「五戒」を説

く と言われています。しかし、これは必ずしも常に一定していたわけではなく、「五戒」が成立する以前にもかなり複雑な経過が存在するのです。ここでは、それをくわしく申し上げる時間もありませんので、五つの戒めについて簡単に解説いたします。

第一に、生きものを殺すなかれ。仏教は慈悲の教えですから、こう強調します。

「生きとし生けるものに対して暴力を用いない」というのが、理想とされています。仏教の説く不殺生《ふせっしょう》は、人間を殺してはならぬということが第一ですが、理想としてはすべての生きものを殺さぬことを言います。不殺生の思想はジャイナ教のみならず、バラモン教にも部分的に存在していますが、仏教はそれを受けているのです。なぜ生きものを殺してはならないかというと、いかなる生きものにとっても「自己よりもさらに愛《いと》しいもの」はどこにも存在しない、「同様に他の人々にもそれぞれ自己は愛しい。ゆえに自己を愛する者は他人を害してはならぬ」からである、と言われるのです。ただ現実の問題になりますと、生命を奪うということを原始仏教の信徒でも行なっていました。実際には肉食、交戦、農業を認めていたわけですから、やはり問題は残されているのです。

第二に、盗みをするなかれ。人間はなんらかの意味において、道具や所有品なしには生きていけないものですから、他人の所有物を奪うことは非常な罪悪です。そこで

「盗むなかれ」ということを教えられる。古代インドの刑罰は盗みに関してはきわめて苛酷《かこく》でした。ごくわずかの金銭を盗んでも死刑に処せられました。釈尊の当時のことはよくわかりませんが、おそらく同じように刑罰はきびしかったことでしょう。こういう状態であったならば、「盗むなかれ」という戒《いまし》めがきびしく説かれたのは当然のことであります。この教えは、現在の場面でもいろいろな意味に解釈できると思います。

第三に、邪婬《じゃいん》を行なうなかれ。これは男女間の道を乱してはならぬ、ということです。五戒の一つとして説かれるようになったのは、かなりのちのことでしょうが、教えとしては仏教の最初の時期から説かれております。これについてはすでにお話したとおりです。

第四に、偽りを言うなかれ。ことばは人間にとって大切なものです。それだけにまた恐しいものです。「人が生れるとその口の中に斧《おの》が生じる。それによって自己を斬るのである」。ことばを慎むべし、ということは繰り返し説かれています。

ところで真実を語れ、という教えには種々の問題が残されています。例えば重病人に向って「病は重いぞ」とありのままに語ることがいいかどうか。この問題はある経典の中で詳しく論じられていますが、「人格を完成した人は、たとい真実のことでも、相手のためにならないことであるならば、語らない」。しかし「真実で、しかも相手のためになることであるならば、たとい相手に不愉快なことであっても、それを語ることがある」とされています。

では人はなぜ嘘をつくのか。それは何ものかを貪《むさぼ》ろうという執着《しゅうじゃく》があるからです。また、人間が嘘をつくのは、特に利益に迷わされた場合が多い。それに対して仏教では、

　たとい雷が落ちようとも、財宝などのために、利欲心などのために、知りつつも虚言を述べることをしてはならない。あたかも暁《あかつき》の明星が、あらゆる時節を通じて、自分の行くべき路を捨てて他の路を行くことがなく、必ず自分の路をとって進むように、汝もまた真実を捨てて虚言を述べることがないならば、ブッダとなることができるであろう。（『ジャータカ』第一巻二三ページ）

と説いています。

そのほか、「他人の悪口や中傷を言ってはならない」、「他人の過失をとがめだててはならない、人をそしってはならない」、「粗暴な荒々しいことば、怒りのことばを発

してはならない」、「人が平常ひけ目を感じている点を指摘したり、言ったならば気分を害するようなことを口にしたりしてはならない」というように、仏教ではことばに関する戒めがたくさんあります。ここでも、「慈悲心」ということがその根本となっているわけであります。

粗野ならず、ことがらをはっきりと伝える真実のことばを発し、ことばによって何人《なんびと》の感情をも害することのない人、――かれをわれは〈バラモン〉と呼ぶ。

（文庫本『ブッダの真理のことば』四〇八）

ある場合には、ことばに関する教えが次のようにまとめられています。ヴァンギーサという長老が語ったとされていますが、

立派な人々は説いた――〔i〕最上の善いことばを語れ。（これが第一である。）〔ii〕正しい理《ことわり》を語れ、理に反することを語るな。これが第二である。〔iii〕好ましいことばを語れ。好ましからぬことばを語るな。これが第三である。〔iv〕真実を語れ。偽りを語るな。これが第四である。（文庫本『ブッダのことば』四五〇）

そして第五の戒めとして、インドの他の宗教では「何ものも所有しない」ということを言っておりますけれども、世俗の人にとって無所有というのは意味のないことですから、そこで仏教では「酒を飲むなかれ」というのをつけ加えたわけです。これは先ほどもお話ししましたが、人をして怠惰ならしめる原因としては幾つかの事柄が考えられる中で、最も大きなものとして飲酒が考えられているのです。飲酒はまた財を浪費することになる、という点からも禁じられているわけです。

財なく無一物なのに酒が飲みたくて酒場に行って飲むのんだくれは、水に沈むように負債に沈み、すみやかに己が家門をほろぼすであろう。

（パーリ原典協会本『ディーガ・ニカーヤ』第三巻一八五ページ）

そこで飲み友だち（パーナサカー）と交わってはならぬ、ということばがあるのです。

飲み友だちなるものがある。君よ、君よと呼びかけ、親友であると自称する。しかし事が生じた時に味方になってくれる人こそ友なのである。

……………
白昼に眠るのを常とし、夜は起きるものと思い、常に泥酔《でいすい》にふけるものは、家を確立することができない。(同)

このように、経典は、いろいろおもしろいことを言っております。この伝統は今日なおインドないし南アジアには生きていて、インドのバラモンは酒を飲まないし、インド政府の公式の宴会では酒類を出しません。「毎晩ナイトクラブへ行くような人は、民衆の支持がないから、政治家として重きをなすことができない」とかつて大統領ラーダークリシュナン博士が言われたのを思い出します。

ではインドではなぜ酒を飲むのを嫌うのでしょうか。貧しく、なかなか酒を買うことができない民衆はどうするかというと、椰子《やし》の実を取ってきてナイフで傷をつけておくと、二十四時間で発酵《はっこう》してくるので、それを飲むのです。精製されていないから健康によくない。また暑い国ですので、やたらに飲んだら、すっかり体をこわしてしまう。だからやかましくいうのです。ところが北のほうへ行くと、やかましくいわない。ネパールの若干のヒンドゥー寺院(カーリー女神などを祭ってあるところ)では、境内《けいだい》に酒店があるのです。こういうわけで、原始仏教で飲酒をうるさく言ったのは、多分に風土的社会的理由があると考えられます。

だから飲酒に関する戒律も、寒冷の国々では少しく異なってきます。シナ民族および朝鮮の僧侶は戒律を厳重に守っていますが、しかし寒いときには、暖をとるために少々の酒を嗜《たしな》むことは許されています。日本ではご承知のとおりでして、僧侶は名目的には酒を飲みません。だから「般若湯《はんにゃとう》」(般若すなわち知慧を生ずる湯)を飲むのです。

最初期の仏教では、第一から第四までの戒めをあてがい、第五の戒めは遅れて付加されました。そうして「殺すなかれ」などの四つの戒めと、「酒を飲むなかれ」という第五の戒しめとでは、重みがちがいますね。そこで後代の教義学者たちは、「殺す」ことなどの四つは「性罪《しょうざい》」(それ自体が悪い罪であること)であるとし、第五の飲酒は「遮《しゃ》罪《ざい》」(それ自体は悪い罪ではないが、過ごすと害を生ずるので、「あまり過ごすなよ」といって遮《さえぎ》られる罪)であるとして、両者を区別しています。

こういうような基本的な徳から始まりまして、次に現実の経済生活においてどのようにその精神を生かすべきかということも説かれております。これについては次回に申し上げることにいたしまして、その要点だけを申しますと、「人は怠けないで、各自の職業に精励して、勤勉に努力せよ。その結果、おのずから富が集ってくるであろう、財が蓄積されるであろう。名誉も加わるであろう。これは望ましいことである」

ということになります。そして、それを積極的に奨励しております。ただし、その場合、自分が一所懸命働いて富を得たとしても、それを自分で一人占めにしてはいけない。その富は、もろもろの人とともに生かされうるようなものでなければならない、ということが強調されております。

さらに現代の場面において申しますと、新たに世界的な共同体を建設するという場面にまで至ってくるのであります。慈悲の精神に基きまして「アヒンサー」(無傷害)の理想が現実の場面に実現されるべきである、それによってほんとうの世界の平和が確保される、われわれの理想が実現される、ということになるわけであります。

第八講　経済倫理の問題

1　原始仏教の社会性

特殊なテーマとして、原始仏教の経済倫理ということを考えてみましょう。

原始仏教が興ったのは、大ざっぱに言いまして、今から二千四、五百年前のことです。その社会的背景を簡単に申しますと、それ以前のインドにおいては、バラモン教的なカースト制度の支配が確立していました。インド文化の中心は大体アーリア人が形成したのですが、彼らは西北インドの方から入ってきまして、ガンジス河の上流地方に定住しました。それが今からおよそ三千年ぐらい前からといってよろしいでしょう。その後、ガンジス河に沿って民族移動を開始しました。そして仏教が興ったころにはガンジス河の中流地帯にすでに定住していました。こちらへ移りますと、そこに住んでおりました従前の土着人との混血が起りました。そこで新たな民族が成立したのです。

インド人といっても、人種はいろいろありまして、ずっと北の方のカシュミールに住んでいる人々は色が白いのです。ネールー元首相、並びにその一族はカシュミールのバラモンの出身です。カシュミールでは周りの山々は雪をいただいております。そこでこの辺に住んでいる人々は色が白い。反対に南インドに住んでいるインド人は非常に色が黒いのです。ところがガンジス河流域の人々はだいたい混血によってあらわれた民族ですから、白と黒の中間であって、われわれよりは色が黒いという程度です。

そこで混血が起り、新たな民族が現れ出ますと、生活状況も非常に変ってきました。まずこのあたりでは地味が肥沃であって、多量の農産物を産出しました。そこで彼らの生活は次第に豊かになったのです。物資が豊富になるにつれて商工業が発達しました。そこで多数の小都市がガンジス河の流域、あるいはその支流に成立するようになったのです。都市のことをインドで「ナガラ」と申しますが、このことばは、以前のヴェーダ文献には出てきません。仏典とか、あるいは仏教と同時代につくられたもろもろの書物の中に現れてきます。都市の興隆ということが、この時代の特徴でした。これらの小都市を中心にたくさんの国家が並んでおります。そのうちのあるものは貴族政治、あるいは共和政治を行なっておりましたが、しかし、それらは次第に国王の支配する大国に併合されていきました。そこで大国の首都は非常に栄えました。

従来のカースト的な支配のもとにおいては、一番上の階級がバラモン僧族（祭をつかさどる人、司祭者）、その次が王族、それから庶民、一番下が隷民、と四つの階級構成がありました。ところがこの時代になりますと、王族の方が上になって、バラモンの威信は落ちてしまった。つまり従前のインド人はバラモン教を奉じていたから、バラモンに対する尊敬の念をもっていましたが、この時代になりますと、混血が起り、新たな土地へ移ったわけですから、古い伝統が力をもたなくなった。そこでバラモンの威信が落ちてしまって、反対に王族の地位が高まったわけです。

それからまたもろもろの都市では商工業が非常に発達しました。貨幣経済の進展とともに莫大な富が蓄積されたのです。インドで貨幣が使われるようになったのは、大体この時代以後のことです。もともと非常に古い時代にインダス文明というのがありまして、これは西暦紀元前二千年から三千年前、いまから四千年から五千年前にインダス河の流域に栄えました。そこでは貨幣に類似したものを使っております。その後、貨幣はインドではあまり使われなくなりました。そして仏教が興った時代から貨幣が一般に使われるようになりました。仏教の時代の遺跡を掘ってみますと、貨幣が見つかるのです。そうして都市には莫大な富が蓄積され、商工業者たちは多くの組合をつくりました。西洋でいうギルドに相当するものをつくりました。

ギルドのことをインドのことばで「サンガ」と申します。これは「集り」という意味なのです。人々の集りです。この「サンガ」ということばが経済的には特殊な意味をもちまして、「組合」のことを意味したのです。それから政治的に「サンガ」と申しますと「共和国」のことです。

仏教が興りましたときに仏教教団を何と名づけたか。いろいろな呼び名がありますが、そのうちで、もっとも主なもの、後世代表的なものとなったのは、この「サンガ」であります。これについては、すでに説明いたしましたが、もとは共和国だの、組合のことを意味したことばです。そういう非常に複雑な意味合いがあるのです。と同時に仏教が、組合とか、共和国を意味するこの単語をもってきて自分たちの教団の名前にしたということは、仏教教団の運営様式の中に当時の共和国なり、組合の運営様式が取り入れられていることを意味するのです。つまり当時、組合とか共和国とかは、もっとも進歩した集団でありました。そのあり方を仏教は取り入れた。たとえば投票などということも行なっておりました。さてこういう時代には富める人々、ことに組合のリーダーが都市の中の実権を握るようになりました。それで組合の統領、これを「セッタ」と申しますが、それを漢訳の仏典では翻訳しまして「長者」というのです。

昔から百万長者とか、このごろは億万長者とか、その上いくらでもあるようですが、そういう何々長者といういい方が、金持を意味するようになりましたのは、つまりインドでこういう組合の指導者を「セッタ」と呼んでいたことに由来するのです。「セッタ」というのは「もっともすぐれた人」あるいは「もっとも年たけた人」という意味なのです。だから漢文では「長者」と訳しました。しかし実際は金持を意味していました。

さて、商人が都市の中の実権を握るようになりますと、古い階級構成はくずれてしまう。そのくずれてしまった姿がすでに原始仏典の中に現れております。こういう文句があります。

たとえ奴隷(シュードラ)であろうとも金銀財宝、米穀、に富んでいるならば、王族もバラモンも庶民も、彼に対して先に起き、後に寝て、進んで彼の用事をつとめ、彼の気に入ることを行ない、彼には快い言葉を語るであろう。

(パーリ原典協会本『マッジマ・ニカーヤ』第二巻八五ページ)

お金が一番なのだ。いくら身分がいやしくてもその人がお金を持っていたら、王族であろうとバラモンであろうと、みんな彼のもとに馳せ参じるであろう。そういうことを仏典の中に述べているのです。当時の社会情勢の反映であります。つまり古い時代の階級構成がくずれてしまった。人々は寄るべを失ったものですから、勝手な生活をするようになった。快楽に身をゆだねるというような人々も非常に多く現れました。中には、反対に、身をさいなむ苦行を行なうような人々も出てきました。あるいは運命論、唯物論も出ました。世の中は物質だけだと主張したのです。いろいろな思想を述べる人がいたものですから、当時の人々は帰趨《きすう》に迷いました。はっきりした真理なんてわからないんだ、そんなことを考えるのはやめよう、と懐疑論を述べた人もおります。懐疑論者の言っていることはなかなか徹底しています。ある懐疑論者に向ってある人が質問した、来世が存在するか、と。かれは答えた。「もしも私があの世が存在すると考えたのならば、あの世は存在するとあなたに答えるであろう。しかし私はそうとは考えない。そうらしいとも考えない。それとは異なるとも考えない。そうではないとも考えない。そうではないのではないとも考えない」と、そう答えたというのです。何のことを言っているのかわからない。このとおりの文句がパーリ語の仏典の中に伝えられているのです。

人々は寄りどころを失ったわけです。非常な精神的な混乱が支配していた。そうして唯物論者が多く現れた。唯物論が徹底しますと、道徳を否定するようになってしまう。世の中には七つの要素しかないというようなことを言った人がいます。その人は、人を殺してもかまわないと言ったそうです。なぜかと申しますと、ここに人間がいる。これは七つの要素から組み立てられているものだ。鋭い剣をもって首を切っても、これによって何びとも何びとの生命を奪うこともない、ただ剣のやいばが七つの要素のすき間をすっと通っていくだけだ、こういう説が仏典の中にちゃんと出ているのです。そうすると人々は寄るべを失うわけです。一体どんなぐあいに生きていったらいいのか。思想的な混乱が支配していました。

その中から現れ出て、人間がいかに生きるべきかということを説いて、人々に精神的な光明を与えたのが釈尊なのです。当時釈尊は、幾多の思想家がいたその中の新しい思想家の一人にすぎませんでした。しかし人間はいかに生きるべきか、ということを教えました。そのために釈尊の教えはずっと広がって、ついにアジアの光となり、いままた世界の光となっているというわけなのです。

2　仏典の中の経済倫理

釈尊の説いた教え、これは実に広いものであって、これを簡単に申し述べることは、なかなかむずかしいのですが、本日は経済倫理の問題を中心に、仏典の中では経済の問題をどう教えていたかということを、申してみたいと思います。と言いましても、別に原始仏典の中に、「経済倫理」とはっきり銘打って説かれている教えがあるわけではありません。けれどもあの厖大《ぼうだい》な原始仏典の中に、経済の問題があちこちに説かれているのであります。

経済の問題に関しては、教えが二とおりに分れております。一つは出家修行者のために説かれた教え、もう一つは在家の職業生活に従事している人のための教え。つまり当時は精神的な指導者というのは出家修行者で、家を出て修行をしていた人なのです。これは昔のインドの宗教でも共通であります。仏教もそれに従ったにすぎません。これに対して一般世間にはそれぞれ世俗の生活に従事している大勢の人々がいたわけで、そういう人々に対する教えも説かれています。

出家修行者に対しては、「財に対する執着を離れろ」ということを教えております。出家修行者というのは何も財をもたないというのが、どの宗教にも共通でありました。修行者は貨幣とか、金銀、宝石も受けてはならない。いかなる経済行為にも関係しない。これは保守的な部派によっては守られていたのですが、驚くべきことには南方アジアでは、まだ今日でも名目上は守られているのです。金銭を手にしない。そうすると、近代生活においてはいろいろな不自由が起きはしないか。バスに乗ってどっかへ行くのに、乗るときにお金を出さなければならないでしょう。ところが、金銭を手にするなかれ、という戒律を南アジアのお坊さんは今日でも守っている。そこで、うまい方法が考え出されたのです。そういう立派なお坊さんは小僧さんを連れて歩くのですね。沙弥《しゃみ》で、一人前の戒律をまだ受けていない。だからがま口をもっていてもかまわない。彼が切符なんかを買う。だから戒律には違反しないというわけなのです。それから売買に従事してはいけない、そういう戒律もあります。そのほか、貸し金取り立てとか、貸し出しとか、そういうようなことにも当然従事しない。ただ物々交換を行なうことは許されておりました。たとえば教団に何かものがある。それを処分してほかのものと換えるということは認められておりました。そのほか食物、衣服というようなものも余分に貯わえてはいけない。薬も長い間貯えていてはいけない。なぜかと申しますと、そういうようなものを貯わえていると、それに対する執着が起るからいけない、というのがその趣旨です。田や土地を受けることも禁じられております。そうすると出家修行者は生産に従事することができない。ただひたすら精神の修養につとめる。世俗の凡夫は土地を耕す。お坊さんは土地を耕さないけれども、自分の心を耕す、ということを言っております。そうなりますと、生産活動には従事しない――草木を切るということも禁止されておりました。生産に従事しないということは、その後若干の仏教者によっては受け継がれまして、日本においても戒律を守るお坊さんは、土地を耕すようなこともしないですね。

南アジアへ行きますと大きなお寺がある。そこにお坊さんが二百人くらいいる。そこにいるお坊さんは一切生産には従事しません。托鉢によって暮しているわけです。それから、境内の掃除《そうじ》とか、耕作とか、そういうこともお坊さんはしないわけです。寺男みたいな人がやる。お坊さんが三百人いると寺で使われている俗人は二百人くらいいる。その人々が万事拭き掃除をしたり、修理をしたりするというようなことになっています。ところで、経済行為から遠ざかるという戒律をいつまでも守るということは不可能です。釈尊が亡くなりましてから百年ほどたって、ヴァッジという種族のお坊さんが、あまりめんどうな戒律にはこだわらないで、少々の変更は認めてもいいということを主張しました。それについては十ほどの事柄があるのですが、これらも非常に微細なことですからお伝えする必要はないと思います。

ただ最後の十番目の事柄は非常に重要です。それは「金銀浄《こんごんじょう》」ということです。これは世俗人から金銀を寄進され、ささげられた場合に、受けていいかどうかという問題です。保守的な修行者、長老は受けてはいけないと言いました。ところが自由な立場を主張したお坊さんは、「もらったってかまわない、せっかく純粋な気持をもって寄進するものだから、受けてかまわない」と言いました。そこで仏教教団が二つに割れてしまったのです。

この「金銀を受けていいかどうか」という問題は非常に重要でありました。一たび受けていいということになりますと、今度は貨幣も受ける。その額がだんだん多くなる。そこで後世になりますと、教団が非常な金持になる。資本家になるので、そのお金をどうしたかといいますと、当時の組合に貸し付けましてその利息を取って、その利息でもって教団の経営にあたったのです。それから世人が土地を寄進するようになりました。これも受けていいということになりますと、信者は競って寄進するわけです。そうすると、教団がだんだん大地主になりまして、荘園ができ上がる。この荘園に対しては特権が認められて、王の官吏といえども立ち入ることができなかった。教団は大地主となり、ほとんど封建諸侯に近い力をもつようになりました。そのあがりの幾分かでもって教団の経済的な支えとし、それから大寺院に集っているお坊さんの生活の元手としたわけです。仏教では利息を取ってはいけないという思想はないのです。西洋の中世では利子禁止という思想がありました。ところが仏教にはそれがなかったわけです。教団が利息を取るということは、当然のことだと考えられていた。ただ暴利をむさぼってはならないとされております。

以上は出家した修行僧に対する教えですが、世俗の人に対しては精神は同じでも、その生活は修行僧とは違いますから、経済倫理として説かれていることも、非常に異なっております。

一般的に申しますと、人は理法にかなった行ないをなすべきである。悪を離れ、徳行をゆるがせにしない。仕事に秩序があり、混乱しないということが目ざされております。そこで経済行為に関してだけ申しますと、ひたすら各自の業務に精励して営利を追求するということがすすめられております。日本では一般に仏教というと、何か財を卑しむような思想があるように思われておりますけれども、それは修行僧の場合だけなのであって、原始仏典の中ですでに財が尊重され、利益を追求することはむしろなすべきこととされておりました。財を集積することは、人生の望ましい目的の一つであると考えられていました。

もしも人が適当なところに住んで高貴な人に親しみ仕え、正しい気持を保ち、あらかじめ善を行なったならば、穀物と財宝と栄誉と名声と安楽とは彼のもとに集る。

（パーリ原典協会本『アングッタラ・ニカーヤ』第二巻三二ページ）

と教えています。つまりすぐれた人の指導を受けて、心を正しくしてまじめに生活するならば、穀物、財宝、名声、それから安楽、楽しみというようなものがおのずから集ってくると申します。ある場合には、特に商人に関して精励による財の蓄積をほめたたえております。こういう文句があります。

世に店のあるじが午前に熱心に業務に励まず、日中に熱心に業務に励まず、午後に熱心に業務に励まないで、これらの三つの条件を具備しているならば、その店のあるじは、いまだ得ない財を得ることができない。またすでに得た財を増しふやすことができない。

ところが世に店のあるじが午前に熱心に業務に励み、日中に熱心に業務に励み、午後に熱心に業務に励むならば、これら三つの条件を備えている店のあるじは、いまだ得ない財を得、またすでに得た財をふやすことができる。

（同、第一巻一一五―一一六ページ）

やや後代の仏典ですが、一定の財を得るまでには結婚もしないで精励した商人の回《かい》顧《こ》談が出ております。シュールパーラカという港町がありましたが、そこの富裕な資産者は、自分の子供たちが遊楽にふけっているのを戒めて言いました。

子らよ。私は昔十万の金をもうけない間は妻をめとらなかった。しかるになんじらは職務を放擲《ほうてき》してひどく婦女に耽溺《たんでき》し、身の装飾に夢中になっている。私の死んだあとでは一家は悲しむべきものになるであろう。

（『ディヴィヤーヴァダーナ』二六ページ。なお『根本説一切有部毘奈耶薬事』第二巻、大正新修大蔵経、第二四巻八ページ中参照）

そういって戒めたというのです。これが二千年以上前の戒めであると思いますし、何か時代の隔たりを忘れるような気がいたします。

それから財産を保つこともほめたたえられております。

ここに良家の人がいて財を保っているが、その財は努力、精励によって得られ、肱の力によって積まれ、ひたいに汗して集められ、正しく法によって得られたものであるとしよう。それを保護し貯蔵し、それらの財は王も奪うことなく、賊も奪うことなく、火も焼くことなく、水も運びさることなく、憎らしい相続者も奪うことのないようにと念ずるとしよう。これは〈保護の備わっていること〉と名付けるべきである。（パーリ原典協会本『アングッタラ・ニカーヤ』第四巻二二三ページ）

といって、ほめたたえているのです。財は「王も奪うことなく」といって、王と賊が対句になって出てきます。これはいつも仏典の例なのです。国王と盗賊とどこに区別があるか。片一方は合法的に民衆を苦しめ、片一方は非合法的に民衆を苦しめる、それだけの違いではないか。当時のインド人はそういうふうに考えていたのです。だからこういう文句がひとりでに出てくるのです。

さて富の蓄積をはかるためには、消費をできる限り少なくしなければなりません。そこで奢侈《しゃし》享楽にふけることを避けるように戒めております。仏典ではふしだらな生活、乱れた生活を非難しております。

太陽がのぼったあとでも寝床にいる。それから他人の妻になれ近づく。闘争にふける。無益のことに熱中する。悪友とまじわる。非常に物惜しみで強欲なこと、この六つの事柄が人を破滅に導く。

ということを、『シンガーラ青年への教え』の中で説いていますが、以下その教えにしたがってご紹介しましょう。

この教えの中では、怠惰の原因を六つ数えるのです。――「骰子《さいころ》と女と酒、白昼の睡眠、舞踏と歌。それから時ならぬのに町をぶらつき回ること。悪友と交わること。物惜しみして強欲なこと」。

また人が近づいてはならない、財を散ずる六つの事柄があると申します。――「まず酒類など怠惰の原因になるものに熱中することは財を散ずるもとである。それから時ならぬのに街路をぶらつき回ること。これも財を散ずるもとである。それから祭礼、舞踊の見世物に出かけるのに熱中すること。それから賭博に熱中すること。悪友に熱中すること。それから怠惰にふけること。こういうことが財を散ずるもとである」。あるいは四つにしていることもあります。――「婦女に惑溺《わくでき》すること。飲酒に惑溺すること。それから賭博に惑溺すること。悪い朋輩、同僚に夢中になること」。

人をして怠惰にならしめる原因としてはいろいろのことが考えられるわけですが、そのうちで特に飲酒を強く戒めております。これは前に申しましたように、仏教の「五戒」の一つです。ではなぜ酒を飲んではいけないか、その理由についてもいろいろ言っております。「財産を失う。口論を増す。病の巣くつとなる。悪い評判が生じる。気力を弱める」。「悪い評判が生じる」ということについては、パーリ文の注釈には詳しく書いてあります。酒を飲んでは母をなぐり、父をなぐり、多くの言ってはならないことを他人に語り、なしてはならないことをなす。それゆえに叱責《しっせき》されたり、むちで打たれたりする。あるいは手足を切られるようなこともある。そして悪い評判を受ける。

それから「時ならぬのに街路をぶらつき回る」のはなぜいけないか。まず彼自身護衛がなく賊を防ぐことができない。彼の子も妻もまた守られていないことになる。夜遅く歩いたりすると、彼の財産も守られない。つまり盗賊にねらわれる。それから悪事に関して疑われる。犯罪が起きたときには、あいつがやったのではないか、と疑われる。それから不実のうわさが彼に起る、多くのやっかいな事柄に取り囲まれる。

それからインド人は昔からバクチが大好きなのですが、これを厳禁しております。バクチはなぜいけないか。相手が勝つと相手に対して敵意を抱く。こっちが負けると心に悲しむ。それから現に財産を失う。法廷に入ってもバクチ打ちの言葉は信用されない。友人、同輩からはバカにされる。それから結婚しようとしても、相手の親族からは拒絶され、賭博漢は妻を持つ資格がないと言われる。

このように全体の基調は、世俗の人に対して、どちらかというと禁欲的です。しかし極端な耐乏生活を強要していたのではありません。

仏教には「中道」という思想があります。この中道思想によって、収入と支出とのバランスのとれた生活、つまり当時の社会常識によって適当と思われる生活水準を維持するということを勧めております。商人は、はかりをとって、これだけならば下に傾き、これだけならば上に傾く、とはかるわけでしょう。それと同様に良家の人は、財の収入と財の支出とを知って、平均のとれた生活をする。あまりにも奢侈に堕せず、あまりにも窮乏に堕せず、その支出は収入を引きさってもなお十分余る、そういうぐあいにするよう、申します。そして、もしも良家の人が収入が少ないのに大がかりな生活をするならば、世人が、「この人はまるでウドゥンバラのくだものを食べるように財をむさぼり食ってしまう」と批評するだろうし、収入が多いのに貧弱な生活をしているならば、「この良家の人は餓《う》え死にのように死ぬだろう」と批評するだろう、と申します。

さて、財を求めると言いましても、単にお金がほしいと思っただけで財が得られるわけではありません。それぞれの職業についての訓練、知識の習得が必要です。それ故、「初めに技術を学び、後に財物を求むべし」と申します。商人は商人特有の特技にひいでていなければなりません。そのためには、三つの条件がある、と申します。

それは常に商人が炯眼《けいがん》で、巧みに活動し、基礎の確実なことであります。「炯眼である」というのは、この商品はこのようにして買われ、このようにして売られる。価格はこれこれであり、これこれの利益があるであろうと、商品についてよく知ることです。次に「巧みに活動する」というのは、商人が商品を買い、また売ることに巧みなことです。「基礎が確実である」というのは、富んで財産のある人たちが、この商人は炯眼で巧みに活動し、妻子を養い、われらに適当なときに供給する能力がある、と知っていることです。そうすると、彼らは商人を招いて、商人さんよ、この人のところから財を仕入れて妻子を養い、またわれらに適宜に供給せよ、と言う。こういうぐあいになれば、その商人は基礎が確実であるということになります。

それから、目ざす財の獲得ということも、一定の倫理的規範に従ってなされねばなりません。自分をも他人をも苦しめないで、正当な「法」によって財産を増大し集積をなすことです。この点で原始仏教では厳粛な道徳意識が強く要請されております。

不法なことをして生活することもあり、また法をまもって死ぬこともある。不法なことをして生活するよりは、法をまもって死ぬことのほうがすぐれている。

（文庫本『仏弟子の告白』六七〇）

そういう強い決心をもっております。取引に当っても不正な貨幣、不正な度量衡《どりょうこう》、不正な手段を排斥しております。「法にたがわず」というのが当時の仏教徒の理想でした。現世の世俗的生活を正しく清らかに送った人のことをほめたたえて申します。

彼はよこしまな生活を捨てさって、片寄らず清く正しく生を営んだ。

（パーリ原典協会本『ディーガ・ニカーヤ』第三巻一七七ページ）

身体と言葉と心とに法にかなった行ないをなす人は、この世にあっては称賛せられ、ほめたたえられ、死後には天の世界で楽しむであろう。

（パーリ原典協会本『サンユッタ・ニカーヤ』第一巻一〇二ページ）

資本の蓄積を勧めたという点で、古代インドのこの時代においては、一種の資本主義的な精神が強調されたということが言えるでしょう。原始仏教においては、家長たる者は勤勉に生業に従事して、禁欲的精励によって財を集積するということをほめたたえております。

戒めを保っている賢者は山の頂に燃える火のように輝く。アリが食物を求めるように働くならば、彼の財はおのずから集積する。あたかもアリの塚の高められるようなものである。このように財を集めては、彼は家族にとってはよく利益をもたらすあるじとなる。この集めた財を四つに分けろ。そうすれば仲間を結束することができる。まず四分の一の財をみずから享受する。四分の二の財をもって農耕、商業などの業務を営むべし。最後の四分の一は蓄積しておけ、窮乏の備えとなるであろう。

ということを、『シンガーラ青年への教え』の中で説いています。結局四分の三は何らかの意味で自分の職業活動に使うべきであり、四分の一は使ってもいいというのです。

このように、原始仏教では営利追求ということを、むしろ積極的に勧めているのです。こういうような教えからみますと、原始仏教の説いた職業倫理というものは、近代西洋における資本主義の先駆者たちの説いた商業道徳に非常に似ているということが言えましょう。「人はいかにして財を得るか」という問いに対して、適宜《てきぎ》に事をなし、忍耐づよく努力する者は財を得る。
誠実をつくして名声を得、
何ものかを与えて交友を結ぶ。（文庫本『ブッダのことば』一八七）

と言っております。正直の徳を守るということによって世人一般の信用を得る。それが富を得ることと密接な関係があると考えられております。正直の徳を強調したということは、商業道徳の一つとも言えましょうが、その中でも特に貸借関係の道徳を強調しております。

当時の世人が借金取りに苦しめられていたという事実が、仏典の中によく出てきます。釈尊のことばとして仏典の中にこういうことが伝えられております。

自分は出家者だ。一切の世俗のわずらいからのがれている。朝早くから借金取りがきて、「返せ返せ」といって迫ることもない。だからわれは楽しい。
（パーリ原典協会本『サンユッタ・ニカーヤ』第一巻一七〇―一七一ページ）

そういう文句があります。それにもかかわらず、負債は必ず返さなければならないということを言っております。

実際には負債があるのに、返済するように督促《とくそく》されると、「あなたからの負債はない」といって言い逃れる人、――かれを賤しい人であると知れ。

（文庫本『ブッダのことば』一二〇）

その意味は、アンタッチャブルとか言われる身分のいやしい種族の人を軽蔑してはいけない。そうではなく、たとえば借金があるのに、わしは借金なんかないよ、と逃げる人の方がいやしいのだ、そういうふうに説かれているのです。あるいは借金を踏み倒す人というのがひどく非難されております。これもパーリ語でちゃんとあるのですよ。「借金を踏み倒す人」というのは「イナ・グハータカ」と申します。これは直訳しますと「借金を殺す人」ということです。他方では借金をして事業を興して成功し、妻をめとった人の喜びを述べている物語もあります。

こういう考えでしたから、負債のある者は仏教教団に入って修行者となることができない。借金のある者が教団に入ってお坊さんとなることを拒否しております。負債に関して後でゴタゴタが起るのを避けたわけなのです。

前にもちょっと触れましたように、原始仏教には利子禁止という思想はありません。のみならず負債に対する利子の正当性というものを承認しております。後になりますと経典自身が、利子を取るために貸し付けることを、世俗の人に対して積極的に勧めております。『シンガーラ青年への教え』の漢訳文では、

収入を四つに分けて、四分の一を飲食に用いる。四分の一を田業に充《あ》てる。四分の一をたくわえて万一の場合に備える。最後の四分の一を耕作者や商人に給与して利息を出す。

と書いてあります。利息を出すというのです。このように原始仏教では、少なくとも世俗人に対しては富を軽蔑する教えは説きませんでした。反対に富というものを重んじているのであります。

相応せる富もなく、また善をもなさない人は意義のないものである。
（パーリ原典協会本『アングッタラ・ニカーヤ』第一巻一二九―一三〇ページ）

このように財を求め、あたかもハチが花のみつを取るようにするならば、長い間

に銭財を集め、まさにみずから快楽を受けるであろう。（瞿《く》曇《どん》僧《そう》伽《ぎゃ》提《だい》婆《ば》訳『善生経』）

とさえ申します。

しかし、その反面、「法」にかなっていない蓄財は厳に戒めています。

法と非法とを混用して富を求め、盗み、及び詐欺《さぎ》を働き、そのいずれの場合にもうそを言い、財宝を蓄積するにのみ巧みであって歓楽を享受する人、――彼は地獄におもむく。（パーリ原典協会本『アングッタラ・ニカーヤ』第三巻三五四ページ）

仏典では、特に「貧者の友」というようなことは積極的には説いていません。富を集める方がよいわけです。ただ世間には貧しい人、力のない人が一ぱいいる。そういう人を助けなければならない、という教えが説かれております。つまり精励努力によって財を蓄積したとしても、それを自分で一人占めにしているのではいけない。他人に与えなければいけない。財を集めるということも、結局は、それによって人々に幸福や利益を分ち与えることを目ざすのであります。

そこで仏教では分ち与えるという道徳を強調するのです。それを、「ダーナ」（《S》

《P》dāna）と申します。「檀那《だんな》さま」などという言い方はここから来ています。漢訳仏典ではしばしば「布施」という訳語を使っております。「功徳をしきほどこす」という意味です。財を得ても人に与えないでもの惜しみをしてはならない。もの惜しみの心を捨てて人々に施与を行なうべきである。財をひとしく、あまねく分つということを楽しむ。貧しい者に対してほどこし、与えることは、特にほめたたえられております。

> 信仰あり経験ある賢者は（食物など）消費財を用意して、飲食もて食乞うものを喜ばしめる。（パーリ原典協会本『サンユッタ・ニカーヤ』第一巻一〇〇ページ）
>
> 法をもって集め、勤勉によって富を得たときに、飲食をもって食乞う者どもを正しく喜ばしめる。（『イティヴッタカ』七五）
>
> おびただしい富あり、黄金あり、食物ある人が、ただひとりおいしいものを食べるならば、これは破滅への門である。（文庫本『ブッダのことば』一〇二）

まして他人のうちに行って供応された人が、来た客に返礼しないということも、よくありません。客人に対するもてなしということもほめたたえられております。だから人に何ものかを与えなければなりません。

結局、原始仏教の説くところでは、富を得たならばただ蓄積しているだけでは無意義であり、自分も用い、他人にも用いさせ、有効に利用しなければならない。「財を用いてなすべきことをなす。しからばその人は天の世界におもむき、あるいは来世に安楽が得られる」。この趣意のことは、原始仏典のうちのあちこちに説かれています(例えば、パーリ原典協会本『アングッタラ・ニカーヤ』第一巻一二九―一三〇ページ)。

施与を行なったならば自己に対しても他人に対しても大いなる果報がある。
(パーリ原典協会本『アングッタラ・ニカーヤ』第三巻三七七ページ)

与える前には心楽しく、与えつつあるときには心を清らかならしめ、与え終っては心喜ばし。(同)

他人に与えるといっても、でたらめに誰にでも与えよというのではありません。『長阿含経《あごんきょう》』第十一巻によりますと、「財を出すにおごりに至らず」、「前にいる人を選択すべし」。「欺誑觝突《ぎおうていとつ》なる者には、むしろ乞うともことごとくは与えざれ」(だまそうとしたり、こっちを脅迫するようなそういう人間に対しては、向うが乞うても、与えてはならない)。「財を兇暴及び豪強なる者に与うべからず」(ただ力でもって押してきたからといって与えるのであってはならない)。

つまり二つのことを注意するのです。一つは、やたらに人々にものを与えるのであってはならない。誰にでも与えるということは、結局誰にも与えないということと同じになってしまいます。第二に、暴力を用いたりおどしたりしてものを奪い取ろうとする人にものを与えてはならない。脅迫に屈してはならない。

ところで人に何かを与えるということは、余裕のある人でなければできない、貧乏人にはできない、そういう疑問が起るわけですが、仏典では、与えるということは必ずしも余裕のある人、富める人々のみの行なえることではない、ひとえに各個人の心の持ちようである、と申します。

ある人々は乏しい中から与え、ある人々は富んでいても与えることをなさない。

(パーリ原典協会本『サンユッタ・ニカーヤ』第一巻一八ページ)

だから貧しい人でも与えるということができます。この与えるというものは、いかなる形のものでもいいのです。物質的な形をしているものでもいいし、精神的なもの、あるいは労力奉仕のようなものであってもいいのです。何かの形で人に尽すということができるわけです。それを「ダーナ」(施与)といっているのであります。むしろ、乏しい中から分ち与えるということがほめたたえられております。

曠野の旅の道連れのように、乏しき中から分ち与える人々は、死せる者の間にあって亡びず、これは永遠の法である。(同)

人生の旅路というものはまるで荒野の中を旅するようなものである。お互いにさびしい。だから互いに助け合って進もうではないかというのであります。

それから、財が何ゆえに求めらるべきか。財の効用、意義いかんということでありますが、経典によりますと、

すぐれた弟子は努力精励して汗を流し、腕の力によって正しく財を集め、法にかなって得たその財をもって四つの事柄をなす。その四つとは何であるか。第一に、自分を楽しませ、肥らせ、正しく幸福を守る。妻子や奴僕や使用人を楽しませ、肥らせ、正しく幸福を守る。第二に、友人や朋輩を楽しませ、肥らせ、正しく幸福を

守る。第三に、水、火、国王、盗賊、好ましからぬ相続者からの災害のあるときに財によって守る。そして自分を無事安穏ならしめる。第四に、五つの供えものをなす。財によって親族、客人、なき先祖、国王、神々へのささげものをなすことができる。それから第五に、宗教家、修行者にほどこし与えることによって、人々の間に安らぎを実現することができる。

（パーリ原典協会本『アングッタラ・ニカーヤ』第二巻六七―八ページ）

というふうに、五カ条にわたって説明されています。財はこのようにわれわれにとって非常に有意義なものですが、しかしわれわれにとって大切なのは、財を求めようとする意欲であります。仏教徒たるものは、

財が減じたときには、ああ、財を取得する原因を私はすべて実践した。しかるに私の財は減じた、といって悔いることがない。また財が増すと、ああ、財を取得する原因を私はすべて実践した。そうして私の財は増した、といって悔いることがない。二つながら悔いることがない。（同、第三巻四五―六ページ）

実際にほんとうに財を追求してもうかるか、もうからないかということは、いろいろな条件が支配しますから、なかなかわれわれの思うとおりにはなりません。だから財がもうかったならば、こういうぐあいにしたからもうかったのだなと思って、よく見きわめて平静な気持でいる。損をした場合には、こういうようなことのために自分は損をしてもうからなかったのだなと思って、平静な気持で迎える。だから実際にお金がもうかったかどうか、額が問題ではなくて、その点で仏教は非常に精神的なのです。人間の精神、意欲というものを重視するのです。だから金を求めている人が仕事に失敗したからといって、軽蔑してはならない。そういうことも教えております。

このように、仏教では非常に財を尊重する、と同時に財に対する執着を離れるという、矛盾したように思われる両面が説かれているのです。財をもっていながら、しかも財にとらわれないで執着を離れる。それがもろもろの徳の根本であると申します。

すぐれた弟子は自分が捨て与えることを心の中に思っている。ああ、われに利がある。ああ、われによく得たものがある。われはもの惜しみのあかにとらわれた衆人の中にあって、もの惜しみのあかを離れた心で家に住み、気前よくほどこし、頒《はん》布《ぷ》を楽しみ、他の人が乞いやすく、財をひとしく分けることを楽しむ。このように人に与えるということを心に思うとき、彼の心は貪欲にまつわらないで、彼の心は怒りにとらわれないで、彼の心は迷いにまつわらないで、彼の心は与えるということによってまっすぐである。それによって法についての熱意を得、法によって引き起された喜びを得、心の喜んだときに身体がかろやかになる。身体がかろやかになった人は安楽を感受する。安楽になった人の心は統一され、安らぎに帰す。

（同、第三巻二八七ページ）

最後に、今までは主として商業面における活動のことを多く述べましたが、生産面に関してはどういうぐあいに説かれているのでしょうか。仏典では生産面の道徳について説かれていることは、割合少ないですが、絶無ではありません。業務を二とおりに分けまして、「事柄多く、なすべきこと多く、営み多く、努力の多い業務」と、それから「事柄少なく、なすべきこと少なく、営み少なく、努力の少ない業務」と、二つあるというのです。苦しいほうは耕作、後者は商業であります。「どちらも実行すれば偉大な果報が得られる。もし実行しなければ大いなる果報が得られない」（パーリ原典協会本『マッジマ・ニカーヤ』第二巻一九七―九八ページ）。

それから政治面ではこういうような教えが、釈尊のことばとして伝えられております。昔ある王さまが大規模な祭祀を行なおうとした。ところが王の顧問であるバラモンが国王に対してこう言った。王さまの国内には殺傷や掠奪《りゃくだつ》が多い。ここで税を取り立てたならば、国王は不法行為者となってしまうだろう。刑罰を強行することによって犯罪をなくそうとするのはよくない。むしろ次のような方策によりなさい。王さまは王さまの国土の中で農耕、牧畜に励む者には種や食物を給し、商業に励む者には資金を給し、官職に励む者には食事と俸給とを準備しなさい。これらの人々が各自の職業に没頭するならば、王の国土を悩ますことはないでしょう。しからば王さまには大いなる富が蓄積されることになります。安寧を保っている国土には災いなく、人々は歓喜して胸にこどもをおどらせながら、家の戸を閉ざして寝ることがないでしょう。王さまがバラモンの教えのとおりに行なったところが、はたしてそのとおりになった。だからいまの国王もそのとおりになさい。――と釈尊は教えたというのです(パーリ原典協会本『ディーガ・ニカーヤ』第一巻一三五ページ)。

これはまた短い詩の文句ですけれども、

園を設け、林を設け、橋をつくり、給水所と井戸、泉と休息所をつくって与える人々。――彼らの善(あるいは功徳)は昼夜に増大する。こういう人々は天の世界に

おもむく。(パーリ原典協会本『サンユッタ・ニカーヤ』第一巻三三ページ)

ここでは明らかにつくることの道徳が強調されています。特に交通路の設定に関して言われているわけです。これは当時インドの農村社会の孤立性、閉鎖性を打破することによって、自己の活動範囲を拡張しようとしていたインドの当時の商工業の理想が、このような思想を唱えさせたものと思われます。

ただ仏典では割合に与える道徳というものを説きます。商業道徳に関することは非常に説かれているのですが、つくる道徳があまり説かれていません。これにはわけがあるのです。それは、インドの風土に即した生活から理解すべきなのです。と申しますのは、インドでは食糧をつくるのにあまり努力しないでいいのです。種を播いておくと雑草みたいに生えるわけです。インドでは、後世にやってきましたギリシア人が驚いて言っているのですが、一年に二度収穫がある。ところがマドラスのあたりへ行きますと二度ではきかない、三度お米が穫れるのです。日本人みたいに食糧に関し孜々《しし》営々と努力する必要がないわけです。そこで農耕に関する改良進歩というようなことを考えなかった。それから衣類はどうか。これは暑い国ですから、はだかに近い格好でさしつかえないわけでしょう。それから住居はどうか。これは大きな木がありますから、その下で休んでいればいいのです。洞窟の中へ入っているとヒヤリとして涼しい。住居に関してもあまり苦労しなくてもいい。そこで一応生活できるものですから、つくる道徳ということはあまり言わなかったのです。

　ところが仏教が広がって、中央アジアからシナへと来ますと、生活環境ががらっと変ります。ことに日本の自然は美しいけれども、人間に対して非常に苛酷ですね。人間は努力しなければ生活を続けていくことができない。そこで日本へ来ますと仏教では勤労の道徳というものを強調するようになります。これは仏教が日本へ入ってきたとき、聖徳太子によってすでに、「山の中にはいって静かに坐禅をする生活がいいのではない。人々の間にまじって世俗の生活の中に仏教を実現するということがたっといのだ」と、現世的な方向に向って仏教が展開されたわけであります。聖徳太子が三経――『維摩経《ゆいまぎょう》』、『勝鬘経《しょうまんぎょう》』、『法華経』――の講義をいたしまして、『三経義疏《さんぎょうぎしょ》』という書物がいまでも残っておりますが、その三つの教典が、一万何千巻あるあの大蔵経の中から特に選ばれたのはなぜかと申しますと、そこに一定のモチーフがあるからです。『維摩経』というのは世俗の長者である維摩居士という人が主人公になって教えを説いている。『勝鬘経』は国王のおきさきである勝鬘夫人、つまり世俗の夫人が教えを説いて、釈尊がそのとおりだと言われるとなっています。『法華経』の趣旨がどこにあるかということはむずかしい問題ですけれども、シナ、日本では、『法華経』は特に「諸法実相のことわりというものが、世俗の生活と違背しない。矛盾しない。世俗の生活の中に宗教の真理が現れるのだ」ということを説いたものだと解釈されております。それを受けているわけです。ここに、仏教が非常に現実的なものとなって展開するきっかけがつくられたわけです。

ただ原始仏教の場合にはつくる道徳というものがあまり強調されませんでした。それは当時の風土に即した社会生活から理解されるべきなのです。風土に即して社会生活が変ってくれば、仏教の精神の実現というものは、またそれに応じた展開を必要とします。そういうことになりますと、今度はわれわれの置かれている今の日本という この時点に立って、仏教の真理をいかに生かすべきかということを、あらためて考えてみる必要があると思うのです。今まで申し上げました仏典の言葉に説かれているその精神は、今日われわれがそのまま生かすべきことであると思います。ただそれを具体的にどう展開するかということは、われわれ自身が考えなければならないことであります。

これまで紹介いたしました仏典の言葉のうちには、近代西洋において資本主義を成立せしめたカルヴィンのプロテスタント倫理と非常に相応するようなものが説かれております。無論、向うでは神というものを立てたけれど、東洋では世界創造者としての神というものは考えなかった。その違いはありますが、その違いが資本主義を成立せしめなかった理由であるかというと、そうも言えないと思うのです。明治以後になれば日本人が全部カルヴィン主義者になったわけではないけれども、独自の形で資本主義を展開してきました。これについては結局私はこう思うのであります。皆さま方にもお考えいただきたいと思うのですが、西洋で資本主義が近代初期に展開したときには、単にカルヴィニズムの精神だけではありませんでした。一方に、自然科学の発達、技術の進展というようなことがありました。客観的自然に対して数学的合理性をもって対応するという、この生活態度が近代西洋には現れた。ところが古代インドには、それがありませんでした。そのために精神面においては非常にすぐれていながらも、古代インドにおいてはついに資本主義が成立しなかったのだと思います。

ところが今は時代が違ってきております。自然科学があまねく行きわたり、科学的知識を皆がもっている。科学的知識を利用しながら経済活動を行なうという、そういう時勢になっております。この歴史の動きというものをわれわれは、承認して進んでいくべきであることは当然です。ただそれに流されないで、技術とか、知識というものをいかに生かすかということは、技術自体、自然科学自体からは出てきません。それを生かすものは、あくまでも人間であります。そして、人間を理想に向って動かすもとをなすものは何でしょうか。それは宗教的なものだ、と思います。釈尊の説いた教えというものが、ちょうどわれわれに対して、人生における指針を与えるものとなっているのです。こういう構造連関を考えて、非常に現実的な経済倫理の問題をも考慮いたしますならば、二千五百年前からわれわれの祖先が説いたところの精神が、必ずや真価を発揮するに違いないと、このように確信しているのであります。

これで私のつたない講演を終らせていただきます。御清聴ありがとうございました。

あとがき

岩波文庫のなかで、パーリ文の原始仏典の邦訳を今までにいろいろ刊行したし、また今後も続けるであろうが、それらに対する入門となるような講義を、岩波市民セミナーでしてもらえないだろうか、という依頼をもって、岩波書店の竹田行之氏がわたくしを訪ねてこられた。健康上、その他の事情から、その講義は実現しなかったが、わたくしは従前から原始仏教について、何度も講演したことがあるので、本書では、それらの記録に加筆し、同時に岩波文庫のうちの原始仏典に対する入門書となるように、いわば準備知識となるようなものをまとめたつもりである。一書にまとめると、前後に多少の重複も認められるが、それぞれの一講ずつがもともと独立したものであるので、そのままにしておいた。

しかしこの入門書は単なる通俗書ではない。岩波文庫では、その建前の上から、註記のうちに文明史的・思想史的論評を加えることはできなかったが、ここでは原始仏典に説かれている若干の局面について広い立場から論評を加えたので、文明史的・思想史的関心のある方には、いくらかのお役に立つこともあればよいが、と願っている。

編輯の実務については、編集部の高本邦彦氏を煩わしたことが多く、ここに感謝の意を表します。

一九八四年十一月十五日

中村　元

本書は一九八五年三月、岩波書店から刊行された。

原始仏典を読む

2014年9月17日　第1刷発行
2024年2月5日　第4刷発行

著　者　中村《なかむら》　元《はじめ》

発行者　坂本政謙

発行所　株式会社　岩波書店
〒101-8002 東京都千代田区一ツ橋 2-5-5

案内 03-5210-4000　営業部 03-5210-4111
https://www.iwanami.co.jp/

印刷・精興社　製本・中永製本

ISBN 978-4-00-600317-3　Printed in Japan

岩波現代文庫創刊二〇年に際して

二一世紀が始まってからすでに二〇年が経とうとしています。この間のグローバル化の急激な進行は世界のあり方を大きく変えました。世界規模で経済や情報の結びつきが強まるとともに、国境を越えた人の移動は日常の光景となり、今やどこに住んでいても、私たちの暮らしは世界中の様々な出来事と無関係ではいられません。しかし、グローバル化の中で否応なくもたらされる「他者」との出会いや交流は、新たな文化や価値観だけではなく、摩擦や衝突、そしてしばしば憎悪までをも生み出しています。グローバル化にともなう副作用は、その恩恵を遥かにこえていると言わざるを得ません。

今私たちに求められているのは、国内、国外にかかわらず、異なる歴史や経験、文化を持つ「他者」と向き合い、よりよい関係を結び直してゆくための想像力、構想力ではないでしょうか。

新世紀の到来を目前にした二〇〇〇年一月に創刊された岩波現代文庫は、この二〇年を通して、哲学や歴史、経済、自然科学から、小説やエッセイ、ルポルタージュにいたるまで幅広いジャンルの書目を刊行してきました。一〇〇〇点を超える書目には、人類が直面してきた様々な課題と、試行錯誤の営みが刻まれています。読書を通した過去の「他者」との出会いから得られる知識や経験は、私たちがよりよい社会を作り上げてゆくために大きな示唆を与えてくれるはずです。

一冊の本が世界を変える大きな力を持つことを信じ、岩波現代文庫はこれからもさらなるラインナップの充実をめざしてゆきます。

（二〇二〇年一月）

岩波現代文庫[学術]

G419
新編 つぶやきの政治思想
李 静和
秘められた悲しみにまなざしを向け、声にならないつぶやきに耳を澄ます。記憶と忘却、証言と沈黙、ともに生きることをめぐるエッセイ集。鵜飼哲・金石範・崎山多美の応答も。

G420-421
ロールズ 政治哲学史講義(I・II)
ジョン・ロールズ
サミュエル・フリーマン編
齋藤純一ほか訳
ロールズがハーバードで行ってきた「近代政治哲学」講座の講義録。リベラリズムの伝統をつくった八人の理論家について論じる。

G422
企業中心社会を超えて ―現代日本を〈ジェンダー〉で読む―
大沢真理
長時間労働、過労死、福祉の貧困……。大企業中心の社会が作り出す歪みと痛みをジェンダーの視点から捉え直した先駆的著作。

G423
増補 「戦争経験」の戦後史 ―語られた体験/証言/記憶―
成田龍一
社会状況に応じて変容してゆく戦争についての語り。その変遷を通して、戦後日本社会の特質を浮き彫りにする。〈解説〉平野啓一郎

G424
定本 酒呑童子の誕生 ―もうひとつの日本文化―
高橋昌明
酒呑童子は都に疫病をはやらすケガレた疫鬼だった――緻密な考証と大胆な推論によって物語の成り立ちを解き明かす。〈解説〉永井路子

2024.1

G425
岡本太郎の見た日本
赤坂憲雄

東北、沖縄、そして韓国へ。旅する太郎が見出した日本とは。その道行きを鮮やかに読み解き、思想家としての本質に迫る。

G426
政治と複数性
―民主的な公共性にむけて―
齋藤純一

「余計者」を見棄てようとする脱‐実在化の暴力に抗し、一人ひとりの現われを保障する。開かれた社会統合の可能性を探究する書。

G427
増補 エル・チチョンの怒り
―メキシコ近代とインディオの村―
清水透

メキシコ南端のインディオの村に生きる人びとにとって、国家とは、近代とは何だったのか。近現代メキシコの激動をマヤの末裔たちの視点に寄り添いながら描き出す。

G428
哲おじさんと学くん
―世の中では隠されているいちばん大切なことについて―
永井均

自分は今、なぜこの世に存在しているのか？友だちや先生にわかってもらえない学くんの疑問に哲おじさんが答え、哲学的議論へと発展していく、対話形式の哲学入門。

G429
マインド・タイム
―脳と意識の時間―
ベンジャミン・リベット
下條信輔
安納令奈 訳

実験に裏づけられた驚愕の発見を提示し、脳と心や意識をめぐる深い洞察を展開する。脳神経科学の歴史に残る研究をまとめた一冊。
〈解説〉下條信輔

G430
被差別部落認識の歴史
―異化と同化の間―
黒川みどり

差別する側、差別を受ける側の双方は部落差別をどのように認識してきたのか――明治から現代に至る軌跡をたどった初めての通史。

G431
文化としての科学／技術
村上陽一郎

近現代に大きく変貌した科学／技術。その質的な変遷を科学史の泰斗がわかりやすく解説、望ましい科学研究や教育のあり方を提言する。

G432
方法としての史学史
―歴史論集1―
成田龍一

歴史学は「なにを」「いかに」論じてきたのか。史学史的な視点から、歴史学のアイデンティティを確認し、可能性を問い直す。現代文庫オリジナル版。〈解説〉戸邉秀明

G433
〈戦後知〉を歴史化する
―歴史論集2―
成田龍一

〈戦後知〉を体現する文学・思想の読解を通じて、歴史学を専門知の閉域から解き放つ試み。現代文庫オリジナル版。〈解説〉戸邉秀明

G434
危機の時代の歴史学のために
―歴史論集3―
成田龍一

時代の危機に立ち向かいながら、自己変革を続ける歴史学。その社会との関係を改めて問い直す「歴史批評」を集成する。〈解説〉戸邉秀明

2024.1

岩波現代文庫［学術］

G435
宗教と科学の接点
河合隼雄
「たましい」「死」「意識」など、近代科学から取り残されてきた、人間が生きていくために大切な問題を心理療法の視点から考察する。〈解説〉河合俊雄

G436
増補 軍隊と地域
―郷土部隊と民衆意識のゆくえ―
荒川章二
一八八〇年代から敗戦までの静岡を舞台に、矛盾を孕みつつ地域に根づいていった軍が、民衆生活を破壊するに至る過程を描き出す。

G437
歴史が後ずさりするとき
―熱い戦争とメディア―
ウンベルト・エーコ
リッカルド・アマデイ訳
歴史があたかも進歩をやめて後ずさりしはじめたかに見える二十一世紀初めの政治・社会の現実を鋭く批判した稀代の知識人の発言集。

G438
増補 女が学者になるとき
―インドネシア研究奮闘記―
倉沢愛子
インドネシア研究の第一人者として知られる著者の原点とも言える日々を綴った半生記。「補章　女は学者をやめられない」を収録。

G439
完本 中国再考
―領域・民族・文化―
葛兆光
辻康吾監訳
永田小絵訳
「中国」とは一体何か？　複雑な歴史がもたらした国家アイデンティティの特殊性と基本構造を考察し、現代の国際問題を考えるための視座を提供する。

2024.1

岩波現代文庫［学術］

G440
私が進化生物学者になった理由
長谷川眞理子

ドリトル先生の大好きな少女がいかにして進化生物学者になったのか。通説の誤りに気づき、独自の道を切り拓いた人生の歩みを語る。巻末に参考文献一覧付き。

G441
愛について
―アイデンティティと欲望の政治学―
竹村和子

物語を攪乱し、語りえぬものに声を与える。精緻な理論でフェミニズム批評をリードしつづけた著者の代表作、待望の文庫化。〈解説〉新田啓子

G442
宝塚
―変容を続ける「日本モダニズム」―
川崎賢子

百年の歴史を誇る宝塚歌劇団。その魅力を掘り下げ、宝塚の新世紀を展望する。底本を大幅に増補・改訂した宝塚論の決定版。

G443
新版 ナショナリズムの狭間から
―「慰安婦」問題とフェミニズムの課題―
山下英愛

性差別的な社会構造における女性人権問題として、現代の性暴力被害につづく側面を持つ「慰安婦」問題理解の手がかりとなる一冊。

G444
夢・神話・物語と日本人
―エラノス会議講演録―
河合隼雄
河合俊雄訳

河合隼雄が、日本の夢・神話・物語などをもとに日本人の心性を解き明かした講演の記録。著者の代表作に結実する思想のエッセンスが凝縮した一冊。〈解説〉河合俊雄

2024.1

岩波現代文庫[学術]

G445-446
ねじ曲げられた桜(上・下)
―美意識と軍国主義―
大貫恵美子

桜の意味の変遷と学徒特攻隊員の日記分析を通して、日本国家と国民の間に起きた「相互誤認」を証明する。〈解説〉佐藤卓己

G447
正義への責任
アイリス・マリオン・ヤング
岡野八代
池田直子 訳

自助努力が強要される政治の下で、人びとが正義を求めてつながり合う可能性を問う。ヌスバウムによる序文も収録。〈解説〉土屋和代

G448-449
ヨーロッパ覇権以前(上・下)
―もうひとつの世界システム―
J.L.アブー＝ルゴト
佐藤次高ほか訳

近代成立のはるか前、ユーラシア世界は既に一つのシステムをつくりあげていた。豊かな筆致で描き出されるグローバル・ヒストリー。

G450
政治思想史と理論のあいだ
―「他者」をめぐる対話―
小野紀明

政治思想史と政治的規範理論、融合し相克する二者を「他者」を軸に架橋させ、理論の全体像に迫る、政治哲学の画期的な解説書。

G451
平等と効率の福祉革命
―新しい女性の役割―
G.エスピン＝アンデルセン
大沢真理監訳

キャリアを追求する女性と、性別分業に留まる女性との間で広がる格差。福祉国家論の第一人者による、二極化の転換に向けた提言。

2024. 1

G452
草の根のファシズム
―日本民衆の戦争体験―
吉見義明

戦争を引き起こしたファシズムは民衆が支えていた――従来の戦争観を大きく転換させた名著、待望の文庫化。〈解説〉加藤陽子

G453
日本仏教の社会倫理
―正法を生きる―
島薗進

日本仏教に本来豊かに備わっていた、サッダルマ(正法)を世に現す生き方の系譜を再発見し、新しい日本仏教史像を提示する。

G454
万民の法
ジョン・ロールズ
中山竜一訳

「公正としての正義」の構想を世界に広げ、平和と正義に満ちた国際社会はいかにして実現可能かを追究したロールズ最晩年の主著。

G455
原子・原子核・原子力
―わたしが講義で伝えたかったこと―
山本義隆

原子・原子核について基礎から学び、原子力への理解を深めるための物理入門。予備校での講演に基づきやさしく解説。

G456
ヴァイマル憲法とヒトラー
―戦後民主主義からファシズムへ―
池田浩士

史上最も「民主的」なヴァイマル憲法下で、ヒトラーが合法的に政権を獲得し得たのはなぜなのか。書き下ろしの「後章」を付す。

岩波現代文庫［学術］

G457
現代《いま》を生きる日本史
須田努
清水克行

縄文時代から現代までを、ユニークな題材と最新研究を踏まえた平明な叙述で鮮やかに描く。大学の教養科目の講義から生まれた斬新な日本通史。

G458
小国
―歴史にみる理念と現実―
百瀬宏

大国中心の権力政治を、小国はどのように生き抜いてきたのか。近代以降の小国の実態と変容を辿った出色の国際関係史。

G459
〈共生〉から考える
―倫理学集中講義―
川本隆史

「共生」という言葉に込められたモチーフを現代社会の様々な問題群から考える。やわらかな語り口の講義形式で、倫理学の教科書としても最適。「精選ブックガイド」を付す。

G460
〈個〉の誕生
―キリスト教教理をつくった人びと―
坂口ふみ

「かけがえのなさ」を指し示す新たな存在論が古代末から中世初期の東地中海世界の激動のうちで形成された次第を、哲学・宗教・歴史を横断して描き出す。〈解説〉山本芳久

G461
満蒙開拓団
―国策の虜囚―
加藤聖文

満洲事変を契機とする農業移民は、陸軍主導の強力な国策となり、今なお続く悲劇をもたらした。計画から終局までを辿る初の通史。

2024.1

G462
排除の現象学
赤坂憲雄

いじめ、ホームレス殺害、宗教集団への批判——八十年代の事件の数々から、異人が見出され生贄とされる、共同体の暴力を読み解く。時を超えて現代社会に切実に響く、傑作評論。

G463
越境する民
近代大阪の朝鮮人史
杉原達

暮しの中で朝鮮人と出会った日本人の外国人認識はどのように形成されたのか。その後の研究に大きな影響を与えた「地域からの世界史」。

G464
越境を生きる
ベネディクト・アンダーソン回想録
ベネディクト・アンダーソン
加藤剛訳

『想像の共同体』の著者が、自身の研究と人生を振り返り、学問的・文化的枠組にとらわれず自由に生き、学ぶことの大切さを説く。

G465
我々はどのような生き物なのか
—言語と政治をめぐる二講演—
ノーム・チョムスキー
福井直樹
辻子美保子編訳

政治活動家チョムスキーの土台に科学者としての人間観があることを初めて明確に示した二〇一四年来日時の講演とインタビュー。

G466
ヴァーチャル日本語 役割語の謎
金水敏

現実には存在しなくても、いかにもそれらしく感じる言葉づかい「役割語」。誰がいつ作ったのか。なぜみんなが知っているのか。何のためにあるのか。〈解説〉田中ゆかり

G467
コレモ日本語アルカ？
―異人のことばが生まれるとき―
金水　敏

ピジンとして生まれた〈アルヨことば〉は役割語となり、それがまとう中国人イメージを変容させつつ生き延びてきた。〈解説〉内田慶市

G468
東北学／忘れられた東北
赤坂憲雄

驚きと喜びに満ちた野辺歩きから、「いくつもの東北」が姿を現し、日本文化像の転換を迫る。「東北学」という方法のマニフェストともなった著作の、増補決定版。

G469
増補　昭和天皇の戦争
―「昭和天皇実録」に残されたこと・消されたこと―
山田　朗

平和主義者とされる昭和天皇が全軍を統帥する大元帥であったことを「実録」を読み解きながら明らかにする。〈解説〉古川隆久

G470
帝国の構造
―中心・周辺・亜周辺―
柄谷行人

『世界史の構造』では十分に展開できなかった「帝国」の問題を、独自の「交換様式」の観点から解き明かす、柄谷国家論の集大成。佐藤優氏との対談を併載。

G471
日本軍の治安戦
―日中戦争の実相―
笠原十九司

治安戦（三光作戦）の発端・展開・変容の過程を丹念に辿り、加害の論理と被害の記憶からその実相を浮彫りにする。〈解説〉齋藤一晴

2024. 1